Alberto C.

POMPEI

de nos jours et voici 2000 ans

150 Photos en couleurs
36 Reconstitutions et dessins
Plan des fouilles

BET
BONECHI EDIZIONI "IL TURISMO"

Concessionaire pour Naples et la Campania :
VERBEL & C. S.a.s.
Via Domenico Quaranta, 23
80126 Loggetta - Naples
Tél. +39-081.593.94.46

Rédaction de Naples :
Samuele Bello

Réimpression 2005

Via G. Di Vittorio, 31
50145 Firenze - Italia
Tel. +39-055.37.57.39/342.45.27
Fax +39-055.37.47.01
http://www.bonechionline.com
Mél : info@bonechionline.com
bbonechi@dada.it
Imprimé en Italie

Reconstitutions et dessins : Architetto Alberto C. Carpiceci
Photos : Archives de la Maison d'Edition, exécutées par Rolando Fusi et Carlo Vittorini
Impression: Lito Terrazzi, Firenze

ISBN 88-7204-018-3

Cette étude se propose de nous donner une image vivante de Pompéi telle qu'elle était deux mille ans en arrière. Pour cela on a essayé de présenter sous la forme, espérons-le, la plus adéquate, tout ce qui peut être nécessaire pour approcher cette humanité qui nous a précédés de tant de siècles: une société en substance guère différente de la nôtre mais ayant une participation à la vie plus vive et plus active et une sensibilité plus grande envers la nature qui l'entourait. Pompéi, étant donné ses conditions exceptionnelles, nous offre cette possibilité lorsque nous rencontrons ses innombrables vestiges et entrons en contact avec eux. Pour favoriser la « mise au point » de cette résurrection, nous reportons des reconstitutions et des graphiques descriptifs des principaux éléments tels que: la maison, la villa, l'édifice public, la rue et la vue d'ensemble des centres citadins tels qu'ils pouvaient être au début de notre ère. Pour visiter la ville à fond ce qui se trouve dans ce guide ne suffit même pas; d'autre part cela demanderait une visite attentive de deux ou trois jours pour éviter fatigue et confusion. Pour connaître Pompéi, pourtant, il suffit d'une vision soigneuse et réfléchie des points les plus caractéristiques et, surtout, de ceux qui correspondent au goût de chacun et à ses exigences personnelles. Dans ce but, on a mis en majuscules dans le texte tous les monuments considérés comme les plus typiques, et les intéressés pourront choisir ce qui est conforme à leur recherche et organiser ainsi d'avance leur itinéraire. Avec tout cela il faut se souvenir que ce merveilleux voyage dans le passé se fait à pied. Dans notre texte, chaque monument a un numéro conventionnel en marge reporté sur le plan, hors-texte, de Pompéi. A celui du monument, en outre, fait suite le numéro de la région (Reg.), celui de l'ilôt ou de l' « insula » et le numéro de l'entrée, indiqués sur place. En cas de doute, de même que pour se faire éventuellement ouvrir porte ou grille empêchant l'accès au monument, s'adresser au gardien voisin. Pour ceux qui disposent de peu de temps nous suggérons trois itinéraires de quelques heures sur le plan en hors-texte.

Reconstitution de la terrifiante éruption du Vésuve qui, en 79 ap. J.-C. détruisit, avec Pompéi, toute trace de vie d'Herculanum à Stabies.

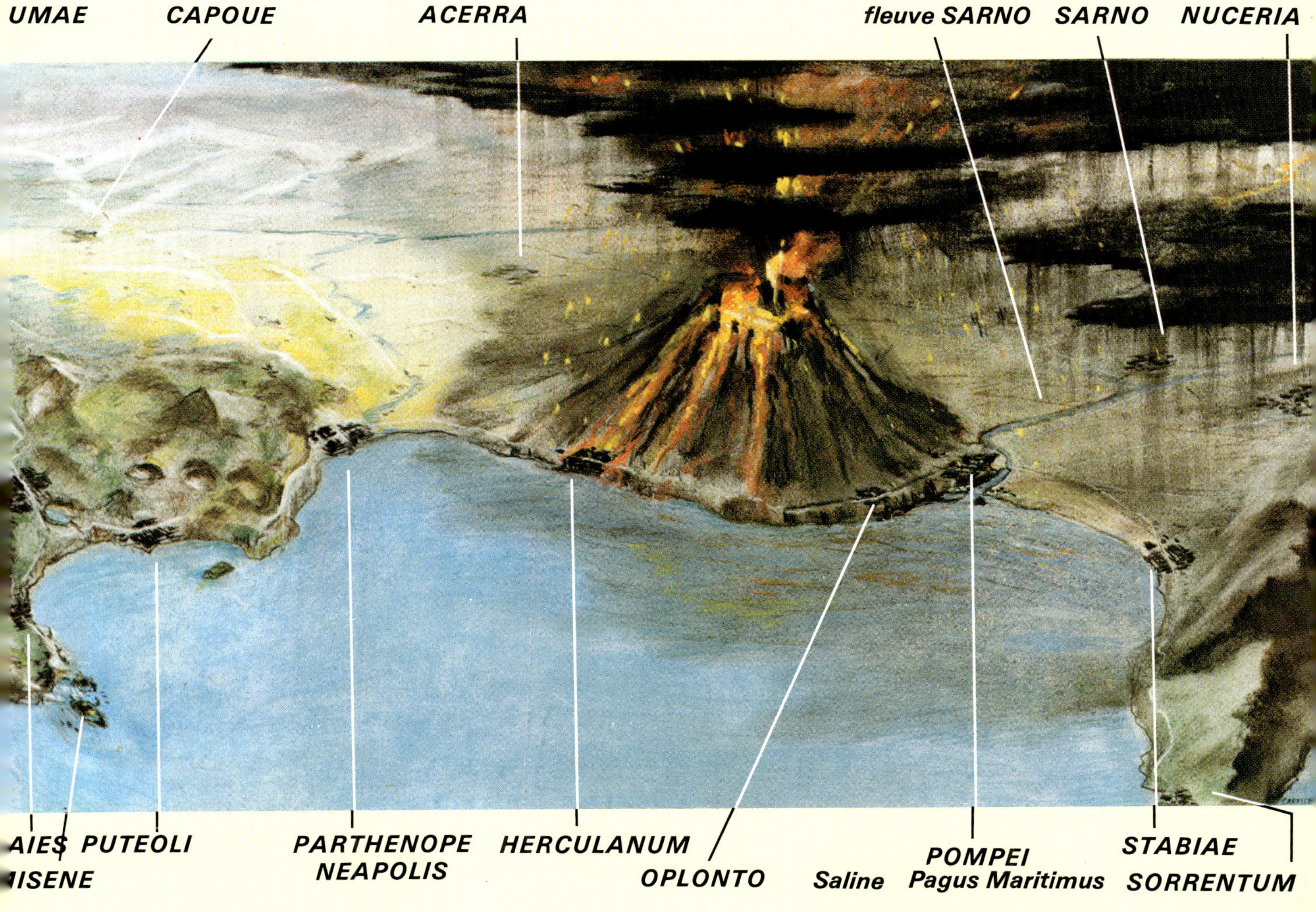

ORIGINES ET HISTOIRE. Pompéi a des origines aussi anciennes que celles de Rome: en effet, la « gens Pompeia » provenant des Osques, l'un des premiers peuples italiques, fonda au VIIIe siècle av. J.-C. la première agglomération urbaine et lui donna son nom. Lieu de passage obligatoire entre le nord et le sud, entre la mer et les riches vallées de l'intérieur, Pompéi devient bien vite un nœud routier et portuaire important et, de ce fait, une proie que convoitent les puissants états voisins.
L'Etat grec de Cumes est le premier à soumettre Pompéi. Elle ne lui est ôtée par les Etrusques en pleine expansion que durant la période de 525 à 474 av. J.-C. A la fin du Ve siècle elle est conquise par les Samnites qui s'étendent puissamment depuis Isernia dans les Apennins vers la mer Tyrrhénienne.
En 310 av. J.-C., les Samnites eux aussi sont battus par les Romains et Pompéi est associée au nouvel Etat. S'étant rebellée contre la Ligue Italique en 89 av. J.-C., elle est soumise par Sylla, et bien qu'échappant à la destruction, perd tout ce qui lui restait d'autonomie en devenant « Colonia Veneria Cornelia P. » en l'honneur du conquérant. Au cours de ces six cents ans, chacun des peuples envahisseurs implante ses propres coutumes et son art propre à Pompéi, surtout les Samnites dont il reste, après quatre siècles de romanisation progressive, des traces importantes dans les constructions et dans l'art.

Antiquarium: l'empreinte d'un muletier.

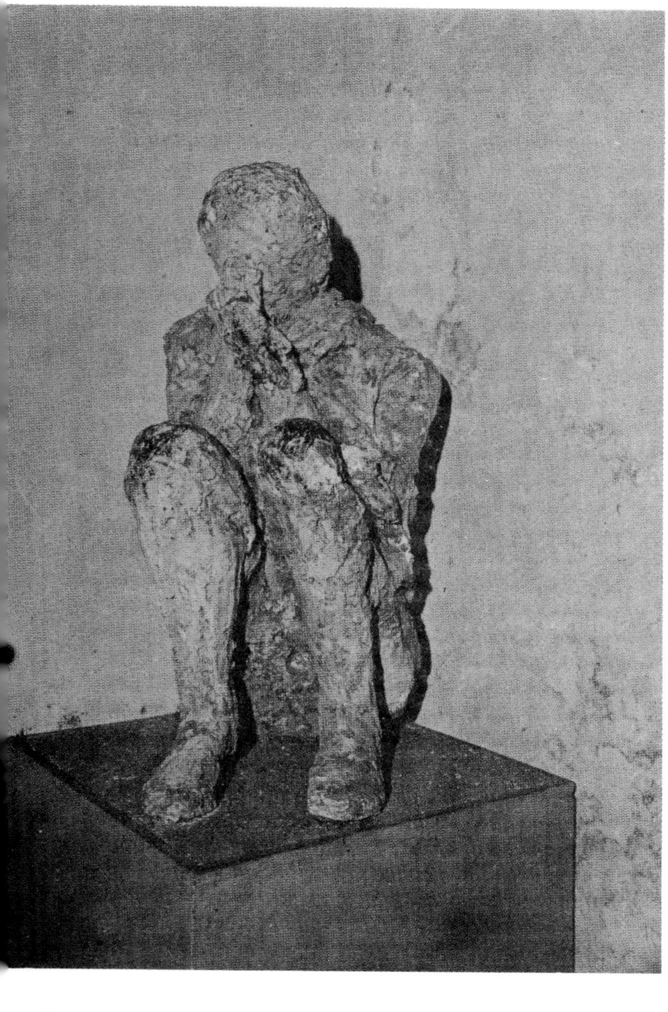

LA PREMIERE TRAGEDIE ET LA FIN. Malgré tant de bouleversantes vicissitudes politiques, Pompéi continua sans trêve dans son évolution de modeste centre agricole en important noyau industriel et commercial. La première véritable grande catastrophe survient avec le terrible tremblement de terre de l'année 62, qui fait de la ville un tas de ruines. Seuls la ténacité indomptable et les efforts des habitants survivants réussissent à ranimer rapidement les activités industrielles et commerciales et à reconstruire la ville à demi détruite. Ils en sont déjà à terminer et à agrandir leurs temples lorsque survient à l'improviste la seconde et irréparable catastrophe: le Vésuve, considéré depuis des siècles comme un volcan éteint et par suite, couvert de vignes, de villas campagnardes et de résidences somptueuses se réveille inopinément et entre en éruption avec une puissance de destruction inexorable, le 24 août (le 24 novembre pour les naturalistes) de l'année 79 peu après midi.
De Misène, Pline le Jeune est témoin du terrifiant spectacle « dont l'aspect et la forme ne peuvent être représentés par nul autre arbre mieux que par le pin »; il en donne une description impressionnante, décrivant aussi les vicissitudes et la fin tragique de son oncle (Pline l'Ancien) qui, entraîné par la passion de la science accourt sur un navire pour observer de près l'effrayant phénomène et meurt en voulant secourir et encourager son ami Pomponianus. Au-dessus des flammes qui montent très haut, très vite un énorme nuage noir s'étend, cachant le soleil. Un déluge de pierres et de scories incandescentes se déverse sur Pompéi. Murs et toits s'écroulent, puis une vague de cendre mêlée d'eau efface toute forme de vie. Dans l'obscurité persistante la scène d'apocalypse est encore exaltée par la foudre, le tremblement de terre et les raz-de-marée; les rares survivants qui cherchent le salut vers Stabies et Nocera sont rejoints et tués par les gaz délétères qui se propagent partout. Cet enfer dure trois jours, puis tout devient silencieux. Une couche mortelle de cinq ou six mètres d'épaisseur s'étend d'Herculanum à Stabies.

LE REVEIL DIX-NEUF SIÈCLES PLUS TARD. Le Vésuve restera en activité pendant des siècles jusqu'à nos jours; les autres villes seront reconstruites plus ou moins au même endroit, mais Pompéi n'apparaît plus pendant près de deux mille ans. Les gens redoutent le terrible sort qui plane sur ce lieu. Les chacals et les chasseurs de trésors dérobent autant qu'ils le peuvent les restes qui émergent encore, puis Pompéi est oubliée et on en perd toute trace. Seize cents ans passent avant qu'on en rencontre les premiers vestiges, et encore cent cinquante ans avant qu'on ait l'émotion de la découverte de la ville.
C'est ainsi que commencent les fouilles sous les Bourbons, mais seulement pour piller les œuvres les plus intéressantes de la ville, œuvres qui très vite constituent le grand Musée National de Naples. Au début

Dans cette page et pages suivantes: images du Vésuve.

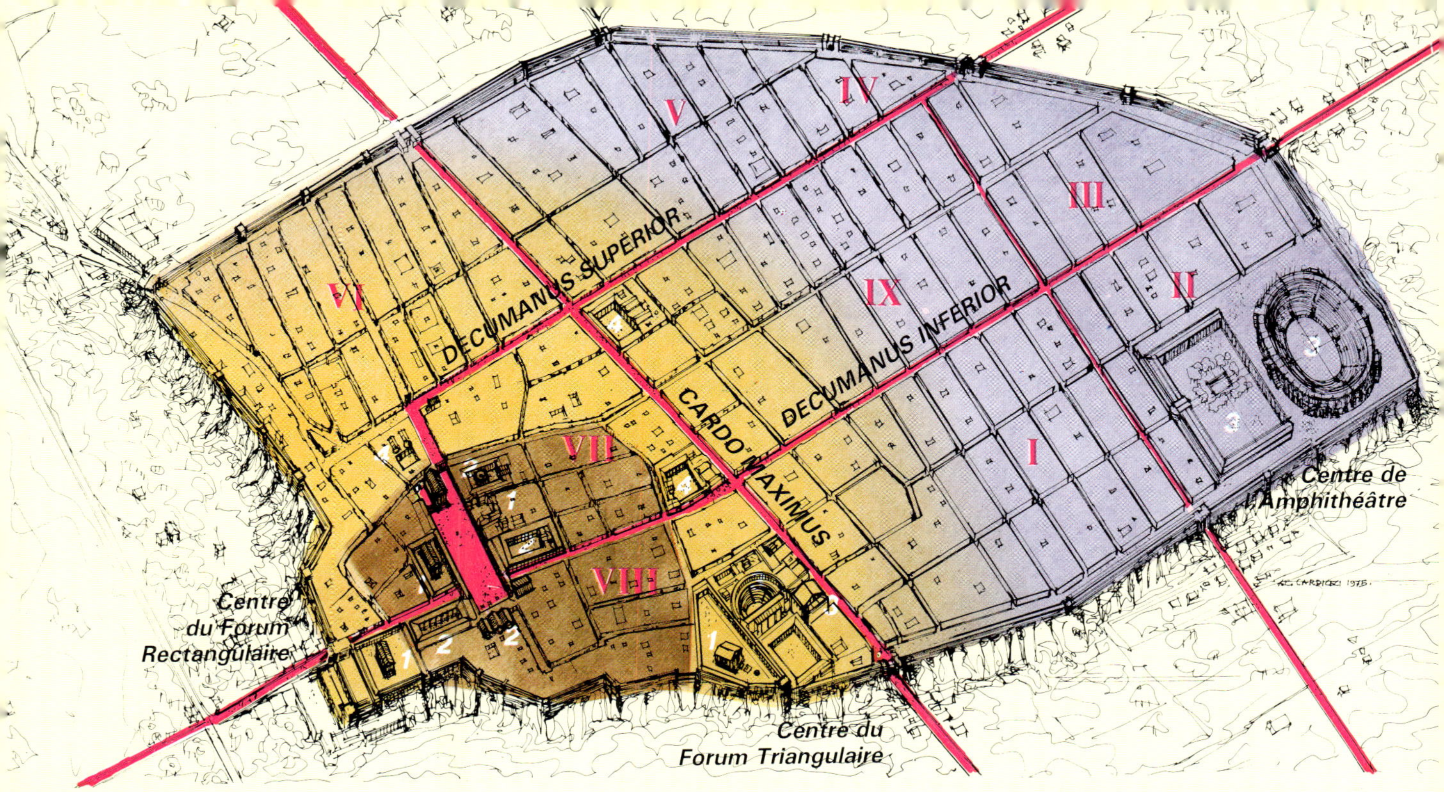

La Pompéi primitive des Osques, antique peuple italique.

Développement de la ville au temps des Grecs et des Etrusques.

Extension maximum atteinte par la ville depuis l'époque des Samnites.

du XIXe siècle, des fouilles encore hâtives amènent au jour le Forum, le réduisant à guère plus qu'un monceau de ruines.
Ce qui est en état de conservation exceptionnel est en partie récupéré par Giuseppe Fiorelli en 1860. Celui-ci entreprend alors des fouilles systématiques et attentives et il est le premier à relever des empreintes en coulant du plâtre dans l'espace laissé par les substances organiques dissoutes dans les lapilli compacts; avec ce système prennent forme des corps d'êtres humains et d'animaux, des plantes et des objets pulvérisés il y a dix-neuf cents ans.
Au cours des décennies suivantes, l'œuvre de restauration et de remise en état parvient à un niveau exceptionnel et à partir de 1909, avec Vittorio Spinazzola, les édifices sont remis en état du toit aux fondations et tout ce qui a été à l'abri pendant des siècles sous les lapilli remonte au jour. Ce type de fouilles, toujours plus perfectionné, se poursuit dans la partie encore non découverte (25% environ) et ainsi Pompéi semble, ces dernières années, ressurgir miraculeusement, comme si elle se réveillait d'un sommeil de dix-neuf siècles, et qu'aux anciens habitants laborieux et passionnés se soint substitués des visiteurs pressés, nous.

LA VILLE. Pompéi est née à l'extrémité d'une ancienne coulée de lave de 40 m de haut, au bord de la mer à l'embouchure du fleuve Sarno alors beaucoup plus voisin de la ville. Le premier centre, surtout agricole, correspond à l'actuelle zone autour du Forum. Son renouveau et son expansion commencent très vite par l'œuvre des Grecs (et pour une courte période aussi des Etrusques) qui entreprennent un nouveau Forum, le Forum triangulaire, et continuent avec plus ou moins d'ordre le tracé des voies. Ce sont les Samnites qui parviennent à l'expansion maximum, si bien que lorsque les Romains interviennent les puissants murs ont déjà atteint leur développement définitif de trois kilomètres délimitant un centre urbain de 66 hectares. La Pompéi samnite de la fin du IVe siècle est déjà une ville considérable, supérieure aux villes voisines et à l'encore modeste Neapolis; c'est un centre destiné à dépasser Cumes, mais son entrée dans la sphère politique romaine ralentit toute expansion ultérieure. En effet, durant les 350 années suivantes le tissu urbain ne subit pas de changements et le renouveau constant s'insère parfaitement dans la ville samnite.
L'intervention de la Rome impériale se concentre sur des travaux d'organisation et d'ajournement: on crée des trottoirs élevés (avec des passages sur de grosses pierres saillantes puisque les rues sont privées d'égoûts); la circulation est réglée par une discipline rationnelle qui détermine des zones réservées aux seuls piétons (exemple: le Forum) et des zones d'accès contrôlé (exemple: l'Amphithéâtre); les bains publics (Thermes) sont augmentés et répartis sur les trois points de plus grande nécessité; les centres citadins sont complétés et accrus pour trois fonctions sociales distinctes. Depuis l'époque des Samnites, la ville était divisée en neuf zones par deux artères longitudinales (decumani) et deux artères transversales (cardini); chaque zone ou région correspondait à peu près à un quartier avec ses propres fêtes, ses programmes électoraux et ses caractéristiques économiques et commerciales. Près des portes de la ville et autour du Forum s'élevaient des hôtels (« Hospitia ») et des remises pour les animaux (« stabula »); dans les principales rues abondaient des auberges (« cauponae ») et les ancêtres des bars (« thermopolia »).
Chaque édifice avait sa propre citerne alimentée par des toits à compluvium, Rome construisit une déviation

de l'aqueduc du Serino et l'eau fut distribuée aux thermes, aux fontaines publiques et aux habitations les plus riches. Il y avait peu d'égoûts et presque tous servaient aux latrines publiques; les habitations utilisaient des puits absorbants privés. Pompéi comptait 20.000 habitants, dont de nombreux marchands, des affranchis et des esclaves (originaires de la Campanie, de Grèce ou d'Asie) et en nombre moindre de familles patriciennes (d'origine samnite ou d'immigration romaine).
La classe commerçante se répandait de plus en plus dans la ville, au point que les vieilles résidences se resserraient ou disparaissaient entièrement, envahies par de nouveaux magasins ou des industries nouvelles; de même les nouveaux riches adaptaient en luxueuses résidences les sévères maisons samnites, réunissant aussi, souvent, deux ou trois vieilles demeures. Dans les dernières années, avec la « paix augustéenne » et la diminution de toute nécessité défensive, les constructions commencèrent à envahir et à escalader les puissantes murailles.
Pompéi était gouvernée par deux régents (« duumvirs ») en charge pour cinq ans. Il y avait comme collaborateurs deux « aediles » (préposés à l'hygiène, aux spectacles publics, au marché et à l'approvisionnement de la ville) et le conseil suprême (« ordo decurionum ») formé de cent pompéiens élus pour leurs mérites particuliers.
Toutes les nouvelles intéressant la vie de la ville telles que élections, spectacles et annonces économiques, étaient rendues publiques par des inscriptions spéciales et des dessins exécutés par d'experts « scriptores » sur les murs de tous les édifices.
Nous trouvons, encore plus nombreux, les graffiti sur les murs; ces derniers apparaissent comme un interminable carnet de notes sur lequel tous écrivent: commerçants; amoureux; étudiants; « fans » sportifs; touristes de l'époque; et même proxénètes et aigrefins. C'est un océan de notes brèves par lesquelles des centaines de créatures semblent encore parler avec nous des petits problèmes de tous les jours dans une langue vieille de deux mille ans.

LA MAISON IDEALE. Pompéi offre encore un trésor exceptionnel pour l'histoire de l'humanité: sa maison. Nous y trouvons en effet une anthologie richissime et très précieuse de la « domus », c'est-à-dire de la maison individuelle d'une famille, qui va du IVe siècle av. J.-C. au Ier siècle ap. J.-C.
Le schéma de base est fixé par les Samnites évidemment en tant qui produit d'une longue expérience antérieure. La « domus italica » se présente comme un axe engendré par des espaces rigoureusement calibrés et s'enchaînant entre eux, axe comme couronné par les pièces utilitaires. Donc, les pièces répondant surtout aux exigences physiques, telles que chambres, salles de bains et toilettes, cuisines, salles à manger, etc. s'étendent sur les côtés de la suite d'espaces destinés au déroulement de la vie culturelle et sociale de la famille. Ces espaces se situent presque entièrement en lieu clos couvert (« atrium ») ou presque entièrement à l'air libre (« peristilium »); entre l'atrium et le péristyle s'insère la pièce la plus importante pour la famille: le « Tablinum ». Toutes les pièces de pourtour ne reçoivent l'air et la lumière que des deux grands espaces du milieu, rarement de l'extérieur.
Ce schéma est tellement valable que les Romains n'y changent rien pendant des centaines d'années. Leur intervention se limite à décorer fastueusement et à agrandir la « domus » par de nouvelles pièces. Souvent, l'atrium s'embellit de quatre colonnes (atrium tétrastyle ou corinthien); le jardin à l'air libre s'orne de fontaines, de statues, de nymphées. S'y ajoutent: des salles de repos, un belvédère (« exedrae », « diaetae »); des appartements réservés aux femmes (« gynaeceum »), à la domesticité; des bains complets comme des thermes privés (« balneum »); des surélévations permettent de gagner chambres et pièces de service.

ART ET TECHNIQUE. Les **styles architecturaux** employés dans les édifices sont les styles classiques, reconnaissables à leurs chapiteaux caractéristiques: **dorique** (de forme annulaire sans décoration); **ionique** (décoré et avec de grandes volutes aux angles); **corinthien** (décoré de feuilles d'acanthe); **composite** (mélange de corinthien et d'ionique) qui dans les constructions pompéiennes adoptent aussi des caractéristiques propres enracinées surtout dans la tradition samnite.
Les **types de construction** se distinguent aussi nettement aux diverses époques, trahissant ainsi les dates du début et des agrandissements ou des réfections de chaque édifice. La première (IVe-IIIe siècle av. J.-C.) et la seconde époque samnite (200-80 av. J.-C.) passent de l'*opus quadratum* et *incertum* aux constructions avec des blocs de tuf. La première époque romaine (80 av. J.-C.-14 ap. J.-C.) réalise des constructions en pierres irrégulières et petits blocs carrés disposés en forme de filet en diagonale. La seconde et dernière époque romaine (14 ap. J.-C.-79 ap. J.-C.) introduit l'usage de la brique.
Les **styles pompéiens dans la peinture et la décoration** des parois sont le chapitre le plus intéressant de la manifestation artistique de Pompéi et on les distingue en quatre styles. **Premier style,** dit à **incrustation** ou **structural,** (150-80 av. J.-C.) parce qu'il est caractérisé par des panneaux et des bossages imitant le revêtement en marbres polychromes (v. la Maison de Salluste et celle du Faune). **Second style** dit **architectural** (80 av. J.-C.-14 ap. J.-C. environ), parce que fait de grands panneaux avec des compositions à figures alternant avec des perspectives d'architectures réalistes (v. la Maison d'Obelius Firmus, dans le Labyrinthe, celles des Noces d'Argent, de la Villa des Mystères). **Troisième style** dit **égyptisant** ou **ornemental** (début vers 14 ap. J.-C.) parce que y prédomine le goût décoratif de l'exécution avec un soin parfait du détail, d'une extraordinaire finesse du travail et de la couleur (v. la Maison de Lucretius Fronto et celle de Caecilius Jocundus). **Quatrième style** dit **imaginaire** (début vers 62 ap. J.-C.) parce que les schémas, les architectures et les perspectives deviennent entièrement irréels et chargés d'éléments ornementaux (v. la Maison des Vettii, celles des Amants, de Ménandre, de Loreius Tiburtinus). La visite de la ville, en vagabondant par les rues et les places, le contact avec les objets épars de tous côtés, mais surtout la rencontre avec les « domus » ramenées au jour presque intactes crée en nous une indicible émotion parce que, sous l'aspect extérieur si différent de celui des nôtres, nous pressentons une dimension humaine qui réalisa concrètement il y a deux mille ans ce que, aujourd'hui encore, nous désirons.

SCHEMA TYPE DE LA " DOMUS POMPEIENNE "

T.O.) " TABERNAE " et " OFFICINAE " - boutiques et laboratoires à l'extérieur de la maison. Les plus nombreux sont du type: " CAUPONA ", hôtellerie, auberge; " THERMOPOLIUM " - débit de boissons chaudes (ancêtre des bars); " PISTRINUM " - moulin et four; " FULLONICA " - blanchisserie et teinturerie.
1) " ATRIENSIS " - Gardien de la maison et surveillant de l'entrée (" Vestibulum " et " Fauces "). 2) " IMPLUVIUM " - bassin pour la récolte des eaux de pluie, au milieu de l' " Atrium ". Auprès du bassin, la table sacrée avec l'urne à côté (" Cartibulum " avec " Situla "). 3) " COMPLUVIUM " - ouverture dans le toit pour éclairer et laisser l'eau tomber dans l' " Impluvium ". 4) Etage supérieur accessible par un escalier sur le côté de l'atrium. 5) " CUBICULA " - chambres de repos. 6) " ALA " - espaces de séjour sur les côtés de l'atrium. 7) " TRICLINIUM " - salle à manger avec trois lits particuliers autour de la table (fixés au mur ou mobiles). 8) " ANDRON " corridor de passage. 9) " VIRIDARIUM " - jardin avec fontaines et statues et, parfois, avec le potager pour la maison (" Hortus "). Tout autour, un portique couvert (" Peristylium "). 10) " CULINA " - cuisine avec parfois: un " Lararium " pour les Lares, c'est-à-dire les dieux tutélaires de la maison; cour de service; " Apotheca " c'est-à-dire réserve et four. 11) " BALNEUM " - salles de bains avec de l'eau à diverses températures (" Frigidarium ", " Tepidarium ", " Calidarium "). 12) " GYNAECEUM " - appartement des femmes. Dans de nombreuses maisons, cet appartement, comme l'ensemble des pièces de service et des pièces pour les étrangers, avaient leur entrée et leur atrium propres, reliés aux remises pout les animaux et les voitures. 13) Tricliniums pour les diverses saisons, ou " OECI ", " EXEDRAE " et autres pièces de séjour disséminés surtout autour du second et plus vaste péristyle. 14) Second " PERISTYLIUM " avec un grand jardin presque toujours existant dans les demeures les plus grandes. Plus que le premier, ce jardin était orné d'un canal avec des jets d'eau et des poissons (l' " Euripus "), de petits temples, de nymphées avec des fontaines et des statues de divinités, des pergolas (" Vitea Tecta ") et d'un triclinium pour les repas au grand air. 15) " OECUS " et " DIAETAE " pièces de séjour qui donnaient sur le grand jardin. La maison avait presque toujours une entrée secondaire ou de service (" Posticum ").

Aux deux pages suivantes: vue d'en haut de la zone du grand Forum, tel qu'il se présentait au début de notre ère. ▶

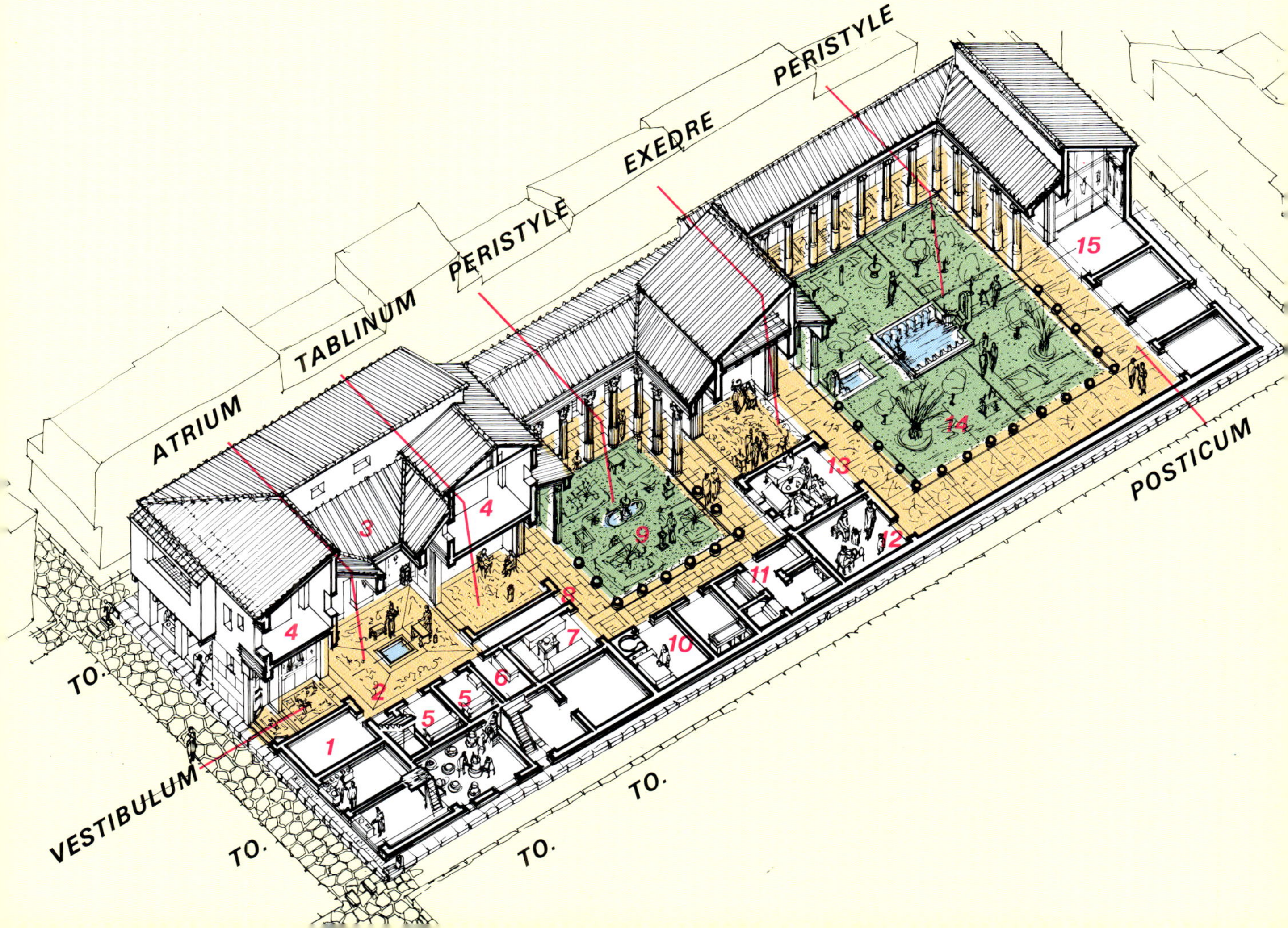

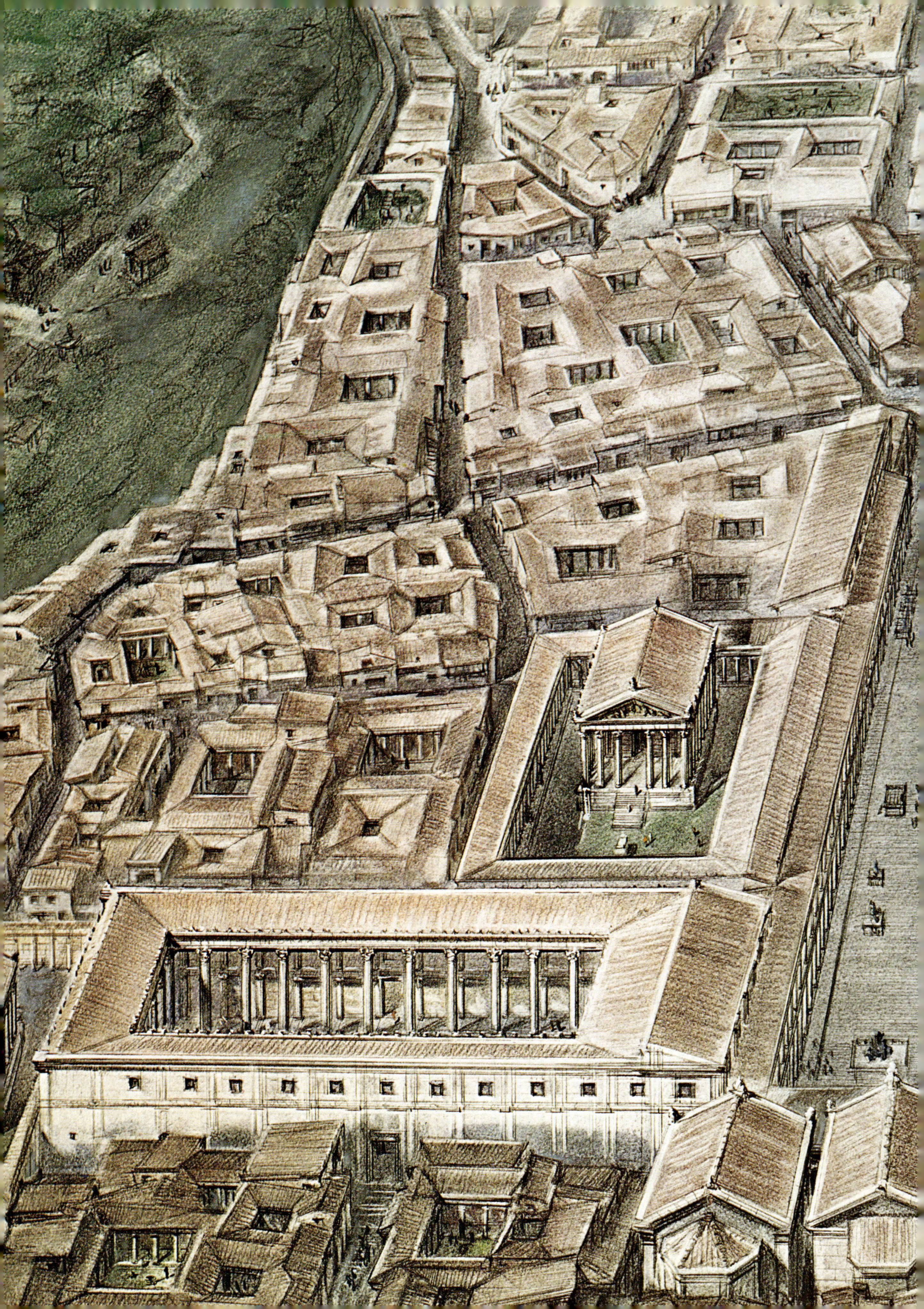

Exemple de peinture du Ier style: atrium de la Maison de Salluste.

Exemple de peinture du IIe style: salle corinthienne de la Villa des Mystères.

Exemple de peinture du IIIe style: triclinium de la Maison Amandus.

Exemple de peinture du IVe style: triclinium de la Maison des Vettii.

La Porte Marine.

1 La **PORTE MARINE** est l'antique porte par laquelle, de nos jours, débute la rencontre avec Pompéi. Avant d'arriver à la Porte il est bon de se rendre compte de la façon imposante dont la ville dominait toute la plaine jusqu'à la mer, assez proche il y a plus ou moins deux mille ans. A droite de la porte, nous voyons les puissants bastions faits pour le temple de Vénus qu'on devait ériger, à gauche les riches maisons de l'« insula occidentalis », au pied de l'insula on découvre la nécropole et la colline qui descend beaucoup plus bas que le niveau actuel. Une rampe pavée abrupte mène aux deux arcs de la porte: celui de gauche était réservé aux piétons et celui de droite aux bêtes de somme et aux charrettes légères qui rapportaient de la mer le sel et le poisson. Nous voyons, adossés à la porte, les restes probables de magasins. Au bas des portes nous distinguons les blocs carrés des vieux murs samnites, qui remontent au IVe-IIe siècle av. J.-C. A l'intérieur, les deux voies – pour les piétons et pour les charrettes – continuent à monter nettement séparées sous l'unique grande voûte (à droite se trouve actuellement l'entrée de l'Antiquarium).

Antiquarium: moulages de victimes de l'éruption.

Antiquarium: l'autel et le fronton du petit temple à Dionysos;
au-dessous: fibule métallique et fermoirs pour vêtements.

Ci-dessus: les maisons de l'"insula occidentalis"; ci-dessous: l'entrée de la Maison de Romulus et Rémus; ci-contre: l'entrée et le portique de la Villa Suburbaine de la Porte Marine.

2 La **VILLA SUBURBAINE DE LA PORTE MARINE** est une grandiose et riche demeure de l'époque romaine, construite contre les murs, à droite de la vieille tour de la Porte. Le tremblement de terre de l'année 62 ap. J.-C. l'avait déjà à moitié détruite et la tragique éruption l'atteignit en pleine reconstruction. Du long portique (80 m, 43 colonnes) on peut encore admirer le magnifique panorama vers la mer et les montagnes. Tout le long du portique, un vaste jardin. Au fond, nous trouvons les pièces de service et la salle de séjour, avec la plus vaste salle à manger – triclinium de Pompéi (6m x 8,80); les murs sont richement décorés dans le IIe style pompéien et possèdent de très intéressants panneaux peints sur chevalet et encastrés ensuite dans le mur (« pinakes »).

3 Le **TEMPLE DE VENUS** est tout de suite à droite dès qu'on a dépassé la Porte. Vénus est la déesse protectrice de Pompéi qui, après la conquête romaine, a été appelée « Vénus felix ». Le temple républicain avait été détruit par le tremblement de terre, et il est certain que les Pompéiens voulaient s'assurer la protection de la déesse en lui construisant un temple encore plus grand que le précédent, mais toute la grandiose œuvre de reconstruction fut interrompue pour toujours par la seconde calamité.
En continuant par la Strada della Marina, nous avons à gauche celle que l'on appelle la **Maison de Romulus et Rémus** et la **Maison de Triptolème;** et enfin, après le Temple d'Apollon (à gauche) et la Basilique (à droite) nous entrons dans le grand Forum.

Vue aérienne de la zone du Forum avec l'emplacement des principaux monuments. Si l'on confronte cette photo avec la reconstitution des pages 10-11 nous avons une idée de ce que pouvait être l'aspect des différents monuments il y a deux mille ans. Pages 18 et 19: vue du Forum.

A) " AEDILES ". Offices administratifs. B) " BASILICA ". C) " CURIA ". Conseil Municipal. D) " DUUMVIRI ". Gouvernement de la ville. E) EDIFICE D'EUMACHIA. Marché des étoffes. M) " MACELLUM " Marché des comestibles. T) THERMES. TA) TEMPLE D'APOLLON. TC) TEMPLE D'AUGUSTE. TG) TEMPLE DE JUPITER. TL) SANCTUAIRE DES LARES. TV) TEMPLE DE VESPASIEN.
1) Tribunal de la Basilique. 2) Portique d'entrée du Forum à la Basilique. 3) Portique du Forum Samnite. 4, 5, 6, 7) Statues de la famille impériale: Claude, Auguste, Agrippine, Néron. 8) COMITIUM. Edifice électoral. 9) Portique du Forum Romain. 10) Podiums pour les ventes aux enchères. 11) Abside de l'Edifice d'Eumachia avec la statue de la " Concordia Augusta ". 12) Statue de la Prêtresse Eumachia. 13) Rampe pour l'étage supérieur. 14) Maison du Sanglier. 15) Autel sacrificiel du Temple de Vespasien. 16) Boutiques de changeurs et entrée monumentale du " Macellum ". 17) Bassin avec une coupole sur douze colonnes. 18) Statues de la famille impériale. 19) Marché au Poisson. 20) Cella consacrée à la Triade Capitoline: Jupiter, Junon, et Minerve. 21) Arc de Caligula. 22) Arc de Tibère. 23) Arc de Germanicus. 24) Latrines du Forum. 25) " Forum Olitorium ". Marché aux céréales (actuellement dépôt de matériel archéologique). 26) " Mensa Ponderaria ". 27) " Suggestum ". Tribune des orateurs. 28) Portique du Forum Romain sur deux ordres superposés (dorique et ionique). 29) Apollon Archer. 30) Hermès de Mercure. 31) Autel de l'époque républicaine. 32) Colonne ionique pour cadran solaire. 33) Diane Chasseresse.

Le Forum; au-dessous: les édifices publics.

4 Le **Forum** était le centre de la vie politique, économique et religieuse de Pompéi, et à cause de cela l'accès en était réservé aux seuls piétons. Avec ses dimensions considérables (38 m x 157) et les grands édifices publics qui l'entouraient avec autant de places plus petites, il pouvait contenir tous les habitants de la ville. A l'époque samnite la grande place était entourée par la galerie avec de robustes colonnes doriques de tuf que l'on voit encore côté sud. Les Romains l'avaient entièrement pavée en travertin et avaient commencé à rénover la galerie sur ses grands côtés, avec des colonnes doriques, en travertin également, surmontées d'une seconde galerie à colonnes ioniques. Au sud du Forum se trouvaient tous les édifices destinés à la vie publique: la Basilique, des Bureaux Municipaux, et le Comitium. A droite du Forum s'étendaient de grandioses édifices destinés à la vie économique et commerciale, alternant avec des édifices religieux. La façade de chaque édifice était ornée d'architectures de marbre et de statues et avait sa propre galerie donnant sur le Forum.

Ci-dessus: la Basilique avec, au fond, le "Tribunal"; ci-contre: la Basilique depuis la colonnade du "Tribunal".

5 La **BASILIQUE** (dimensions 24m x 55) est le plus important et le plus ancien édifice public de la ville; construite en 120-78 av. J.-C. elle demeure le plus bel exemple – à Pompéi – de l'architecture préromaine. Initialement elle faisait aussi fonction de marché couvert et au Ier siècle ap. J.-C. assuma celles de siège d'administration de la justice (sentences civiles et commerciales); dans ce but, on construisit dans le fond le « tribunal » à deux étages, très élégante construction de style hellénistique, avec un escalier en bois sur les côtés pour accéder à l'étage supérieur. Le socle placé devant le « tribunal » supportait peut-être la statue équestre de l'empereur Auguste. Les parois latérales étaient en deux parties, décorées de panneaux de marbre feints (premier style). On a gribouillé de nombreuses phrases sur ce mur, il y a deux mille ans; une entre autres observe: « Je m'étonne, ô mur, que tu ne te sois pas écroulé sous le poids de tant d'écrivains ». L'accès principal se trouvait sur le Forum, avec une double rangée de galeries et cinq entrées. Selon toute probabilité, la nef centrale était à ciel ouvert, et il est

Ci-dessus: l'intérieur de la Basilique tel qu'il était il y a deux mille ans. Derrière la grande colonnade du fond, on découvre le "Tribunal"; sur les côtés le mur en deux éléments superposés et la décoration du premier style; ci-contre: le "Tribunal" tel qu'il est de nos jours.

d'un grand intérêt de s'imaginer comment elle devait être, c'est-à-dire entourée d'un gigantesque péristyle de 28 colonnes corinthiennes cannelées (chacune ayant 1,10 m de diamètre et environ 10 m de haut), qui donnait à l'ensemble l'aspect d'une cour exceptionnelle.

6 Les **Edifices Municipaux** se trouvaient, juste après la Basilique, au sud du Forum. Ce sont trois grandes salles très semblables, avec des niches et des absides dans le fond, autrefois entièrement revêtues de marbres et remplies de statues. Au centre, la **« Curia »** destinée au Conseil Municipal (« Ordo Decurionum »); à droite la salle où présidaient les deux **« Aediles »** qui s'occupaient de l'organisation de la ville; à gauche la salle destinée aux **« Duumviri »** qui gouvernaient la ville.

Le portique qui précède l'Edifice d'Eumachia.

7 Le **Comitium** s'élève en face de la Basilique, et c'est là que se déroulaient les fonctions électorales. Dans cette grande salle, les électeurs divisés en « curiae », délibéraient des listes de candidats « proscripta » devant le Duumvir proposé par l'assemblée électorale.

8 L'**Edifice d'Eumachia** se présente tout de suite après la Via dell'Abbondanza. Construit par la prêtresse Eumachia pour la corporation des tisserands, teinturiers et blanchisseurs (« fullones ») qui représentaient la plus importante industrie pompéienne, c'est un ensemble aussi vaste que la Basilique, constitué par une cour grandiose, délimitée par une galerie à deux étages. Derrière la galerie se trouvaient les magasins de dépôt et d'exposition des étoffes fabriquées. Les tractations avaient lieu sous les galeries et sur la grande place à ciel ouvert. On voit encore, dans le fond de la galerie, les trois grandes absides, la plus grande contenait la statue de Livia, femme de l'empereur, vénérée sous le nom de Concordia Augustea; sur les côtés se trouvaient les statues de Tibère et de sa mère Livia; dans la galerie, derrière la grande abside, les « fullones » avaient érigé la statue d'Eumachia, leur puissante et généreuse bienfaitrice. De la riche façade sur le Forum il ne reste que le superbe portail, avec ses interminables spirales de feuilles d'acanthe sculptées avec une extrême délicatesse, pour laisser une trace de l'extraordinaire richesse artistique avec laquelle devait être parachevé l'ensemble. Sur les côtés du portail, deux tribunes qui servaient probablement pour les ventes aux enchères. A droite de la façade, au départ de la Via dell'Abbondanza, on remarque les marches qui interdisaient aux charrois l'entrée dans le Forum. Le long de la rue, s'étend le grand côté de l'Edifice d'Eumachia, avec une décoration architecturale constituée d'une suite de piliers engagés carrés et d'arcs en stuc. Au bout à l'angle se trouve l'accès à la commode rampe qui mène à l'étage supérieur de l'édifice.

Ci-dessus: le Temple de Vespasien; ci-dessous: l'autel pour les sacrifices.

9 La **Maison du Sanglier** est sur le côté opposé de la rue, au n° 8, et il vaut la peine de la visiter pour le beau pavement en mosaïque de l'entrée (le sanglier attaqué par deux chiens), ceux de l'atrium et du tablinum (têtes dans des médaillons).

10 Le **Temple de Vespasien,** sur le Forum, est un ensemble bien plus modeste que l'Edifice d'Eumachia, mais non dénué d'intérêt. Un mur de clôture animé par des stucs architectoniques en clôt l'espace sacré. Devant la petite *cella* (vouée au culte du Génie de Vespasien après le tremblement de terre de l'année 62 ap. J.-C.) se trouve l'autel décoré de sculptures; sur la façade on voit l'intéressante scène du sacrifice du taureau devant le temple.

11 Le **Temple des Lares** est un édifice entrepris et terminé juste après le tremblement de terre de 62 ap. J.-C. C'est un ensemble de 18 mx21, tout à fait curieux, composé de trois grandes structures architecturales qui délimitaient la grande place du milieu. Que ce soit les structures latérales avec des grandes niches rectangulaires ou celles du fond avec la grande niche circulaire, toutes étaient revêtues de marbres et de peintures et contenaient les statues des dieux tutélaires de la ville (« Lares publici »): c'était un vé-

Ci-dessus: portique, boutiques et entrée du "Macellum; ci-dessous: le Temple des Lares.

ritable sanctuaire que les Pompéiens avaient consacré par d'imposantes cérémonies expiatoires et propitiatoires après le grand péril passé.

12 Le **MACELLUM** termine la série des grands édifices qui donnent sur le Forum. Cet ensemble, construit à l'époque impériale pour le marché couvert, comportait de grands magasins de vente donnant aussi bien à l'extérieur, c'est-à-dire sur la Via degli Augustali et sur la galerie du Forum, qu'à l'intérieur (c'est-à-dire sur la galerie qui entourait la place de 37 mx27). Au milieu de la place intérieure, où il y a encore des traces de la riche décoration picturale sur le mur ouest, se trouvait une rotonde de 12 colonnes couvertes par une coupole (« tholos ») avec, au centre, un bassin d'eau pour le vivier à poissons. Au fond se présentaient trois grandes pièces: celle du milieu consacrée à la famille impériale, dont on a trouvé les statues d'Octavie (sœur d'Auguste) et de Marcellus (fils d'Octavie) maintenant au Musée National de Naples; celle du milieu servait probablement de lieu de restauration, et celle de droite de local de vente du poisson. Est également intéressante la façade donnant sur le Forum, où se présentent des boutiques, peut-être celles des changeurs de l'époque (« argentarii »). Au milieu se trouve une caractéristique entrée double avec, au centre l'édicule, surmonté de colonnes, qui contenait la statue de quelque membre de la famille impériale.

13 A gauche du Temple de Jupiter, on voit les restes des **Latrines du Forum.** Suit un vaste magasin autrefois destiné à la vente des céréales **(« Forum Holitorium »)** et aujourd'hui utilisé comme dépôt d'un important matériel archéologique. Un peu plus loin, dans un petit renfoncement du mur de la galerie, nous voyons la **Mensa Ponderaria:** un plan de travertin dans lequel sont creusés les étalons des mesures de capacité romaines permettant de contrôler sans erreur celles utilisées sur le marché.

14 Le **TEMPLE DE JUPITER** s'élève immense et isolé au centre du côté nord du Forum. C'est le « capitolium » de pur style italique, c'est-à-dire érigé sur un podium élevé (hauteur 3 m, longueur 37 m, largeur 17 m), avec double série de degrés en façade; le pronaos a cinq colonnes en profondeur; enfin, sa *cella* – réservée aux seuls prêtres – est entourée à l'intérieur d'une double file de colonnes, avec, dans le fond, ses trois niches caractéristiques destinées à la triade capitoline: Junon, Jupiter (dont la tête colossale est au Musée National de Naples) et Minerve. On conservait dans les souterrains le trésor public (« aerarium ») et les objets précieux du temple. Construit en 150 av. J.-C., peut-être sur le précédent temple étrusque, il devient, avec l'avènement de la république romaine, le principal temple de Pompéi. Rénové sous Claude, il est gravement endommagé par le tremblement de terre et était encore en reconstruction au moment de la tragédie finale, si bien qu'on utilisait à sa place le tout petit temple de Jupiter Meilichios, voisin des théâtres. A l'origine, le temple était flanqué de deux **arcs de triomphe.** Celui de gauche était probablement dédié à Germanicus, celui de droite fut démoli pour jouir de la vue du troisième arc construit dans le fond, comme entrée nord du Forum, et dédié à Tibère (dans les niches tournées vers le Forum se trouvaient peut-être les statues de Néron et de Drusus).

Ci-contre: restes du "Forum Olitorium".

Vue du Temple de Jupiter tel qu'il était avant le tremblement de terre de 62 ap. J.-C. Sur les côtés: les arcs de Germanicus et de Tibère et, enfin, les portiques à deux étages comme les Romains étaient en train de les transformer. Devant les portiques de gauche: les statues des premiers citadins pompéiens et le grand podium ("Suggestum") d'où les orateurs haranguaient le foule.

Dans cette page: le Temple de Jupiter.

Ci-dessus: le Temple d'Apollon et l'enceinte sacrée tels qu'ils apparaissent de nos jours; ci-contre: la colonne qui soutenait le cadran solaire.

On voit encore les traces des marbres qui décoraient les arcs, autrefois surmontés des statues équestres des empereurs. L'ensemble constituait l'admirable toile de fond du Forum avec le somptueux Temple de Jupiter au milieu, flanqué de ses deux arcs de triomphe et des longues suites de portiques à deux étages (le public accédait au deuxième étage pour assister aux spectacles qui se déroulaient sur la place).

15 Le **TEMPLE D'APOLLON,** bien que touchant à une bonne partie de la galerie, avait des fonctions complètement indépendantes du Forum, tellement que l'orientation et l'entrée principale sont vers la rue de la Porte Marine, devant le flanc de la Basilique. Le temple fut élevé par les Samnites sur une aire autrefois consacrée par les Grecs au culte d'Apollon depuis le Ve siècle av. J.-C. Les restes, nombreux, laissent aisément imaginer comment il était autrefois. Le por-

Temple d'Apollon. Ci-dessus: Autel de marbre; au-dessous, à partir de la gauche: statue en bronze d'Apollon et statue de Diane.

tique, que nous voyons en partie, tournait tout autour de l'aire sacrée et du temple, sur la paroi de fond du portique étaient peintes des scènes de l'Iliade. On voit encore, adossés aux colonnes la très belle statue d'Apollon, à droite, et, du côté opposé, le buste de la statue de Diane (les bronzes originaux sont à Naples), tous deux lançant des flèches comme en un défi entre dieux. Sur les socles du portique d'entrée se trouvent les statues de Vénus et d'Hermaphrodite.
Le temple est de type italique comme celui de Jupiter; une imposante suite de degrés mène au-dessus du haut podium avec son sanctuaire entouré de 28 colonnes corinthiennes dont deux sont encore entièrement érigées sur la façade. Le vaste atrium comptait six colonnes en façade (à l'origine s'écartant au centre) et au moins quatre en profondeur. Dans le petit sanctuaire se dressait, immense, la statue du dieu. Sur le pavement se lit encore l'inscription osque du questeur Campanius qui le fit exécuter avec le trésor du temple. Près de la sortie secondaire, en arrière du temple, se trouvait la pièce du prêtre gardien. Devant les degrés ressort encore le majestueux autel en plein air, de l'époque républicaine; à gauche se trouve la colonne ionique érigée par les duumvirs Sepunius et Erennius, pour supporter le cadran solaire. A l'époque de Néron tous les éléments architectoniques furent altérés par de riches décorations en stuc, maintenant disparues.

Le Temple d'Apollon et l'enceinte sacrée tels qu'ils apparaissaient il y a deux mille ans. Le caractéristique temple italique se distingue surtout par son podium élevé, son pronaos profond avec un écartement plus grand des colonnes de façade au centre. Devant se trouve l'autel de marbre et la colonne ionique qui soutenait le cadran solaire. Autour, un portique continu avec des statues de Dieux et des vasques pour l'eau lustrale.

Ci-dessus: le Temple de la Fortune Auguste tel qu'il apparaît aujourd'hui; ci-contre: Via Nola.

16 Le **Temple de la Fortune Auguste** se dresse à l'extrémité de la Via del Foro, à l'entrée de la Pompéi nord, dans la zone du plus grand centre urbain. L'édifice fut financé exclusivement par Marcus Tullius, duumvir maintenu au moins trois fois dans sa charge, et fut consacré, en 3 ap. J.-C., au culte de l'empereur; de même qu'au temple de Vespasien, lui aussi destiné à la famille impériale, c'était l'association des augustales qui y officiait. Il faut observer que ces deux temples n'étaient pas aussi grandioses que ceux qui intéressaient la vie sociale et religieuse de Pompéi, comme les temples du Forum et, plus encore, la Basilique, le Marché et l'Edifice d'Eumachia.

Sur la partie inférieure des degrés qui menaient au temple, était placé l'autel en plein air; l'accès aux degrés du dessus était protégé par une grille. Sur le soubassement se détachait l'élégante façade avec ses quatre légères colonnes corinthiennes. Un pronaos peu profond menait à la cella, à l'intérieur de laquelle on découvre encore une partie de l'édicule central et des quatre niches latérales. Tout le sanctuaire était revêtu de marbre; une des statues qui étaient dans les niches était consacrée à Auguste, vénéré comme le père de la Patrie.

A droite du temple nous découvrons la suite des boutiques et du portique du Forum; les piliers du portique ont pour caractéristique des colonnes demi-engagées. A gauche se trouve le début de la Via degli Augustali, encore pleine de boutiques et les maisons autrefois à deux étages. Enfin, l'arc qui franchit le carrefour, construit, selon toute probabilité, pour supporter la statue de l'empereur Caligula, dont on a trouvé de nombreux fragments. Toutes les maisons, les portiques et les boutiques étaient crépis, souvent peints de couleurs vives, couverts d'inscriptions et fourmillants de gens affairés.

Le Temple de la Fortune Auguste tel qu'il était au début du premier siècle de l'ère chrétienne. A droite se trouve le bout du portique est du Forum, à gauche le croisement de la Via Mercurio et de la Via Nola avec l'arc surmonté de la statue de Caligula.

17 L'**Arc de Caligula** découvre la vision évocatrice de la **Via di Mercurio** qui mène jusqu'à la massive tour samnite et à la vue de l'omniprésent Vésuve. On voit encore aux pieds de l'arc les restes du revêtement en travertin; des profondes fentes que l'on remarque sur les côtés devaient saillir, selon toute probabilité, de robustes consoles destinées à soutenir des statues ou des trophées exaltant la divinité du fou et cruel J. Caesar Germanicus dit Caligula, empereur de 37 à 41 ap. J.-C.
La Via di Mercurio était une rue avant tout résidentielle, pleine de demeures intéressantes comme nous le verrons ensuite, et elle se présentait avec des rez-de-chaussée comportant peu de portes et de fenêtres (les commerçants étaient presque tous au carrefour), avec un premier étage plus ou moins semblable à ceux que l'on voit Via dell'Abbondanza, c'est-à-dire percés de fenêtres, avec des loggias et avançant au-dessus de la rue avec leurs balcons et leurs encorbellements.

Page suivante: la via et la tour de Mercurio, vues de l'arc de Caligula telles qu'elles étaient il y a dix-neuf siècles.

Ci-dessus: la Via et la Tour de Mercurio, vues de l'Arc de Caligula; ci-dessous: deux vues de la Via de Mercurio.

18 Les **THERMES DU FORUM** ont leurs entrées principales sur le tronçon de rue qui porte leur nom. Ces thermes, destinés surtout à ceux qui se rendaient au Forum venant de l'extérieur de la ville, sont les plus petits mais les plus raffinés de Pompéi. Construits durant la première période de la colonie romaine par le duumvir Lucius Caesius, avec les deniers publics, ils ont toutes les caractéristiques des thermes romains: y sont en effet présents tous les locaux nécessaires pour le cycle complet (vestiaire, bains à eau froide, tiède, chaude) en sections distinctes pour hommes et pour femmes. Tous les locaux étaient chauffés à l'air chaud qui, par installation centrale circulait sous le pavement (« hypocaustum ») et là où c'était nécessaire, même dans les doubles parois (« concameratio »). Le « frigidarium » est étonnant, rappelant par sa forme l'intérieur d'un baptistère ou d'un petit temple de la Renaissance. Très beaux les stucs sur toutes les voûtes et les suites des « Atlantes » en terre cuite du « tepidarium ». Remarquer, toujours dans le « tepidarium » le grand brasier de bronze qui chauffait la pièce avant que ne soit en train le système à air chaud et, dans le « calidarium » le grand bassin pour se laver le visage et les mains à l'eau chaude (il coûta 5250 sesterces à l'époque) et, du côté opposé la vasque en marbre pour le bain. Les Thermes terminent la série des édifices publics qui se présentent sans interruption de la Porte Marine à l'Arc de Caligula.

ENSEMBLE PLANIMETRIQUE DES THERMES DU FORUM

THERMES DES HOMMES - A) Entrée. B) Entrée de la Palestre. C) Entrée secondaire. 1) " APODYTERIUM " - vestiaire. 2) " FRIGIDARIUM " - bain froid. 3) " TEPIDARIUM " - bain tiède. 4) " CALIDARIUM " - bain chaud. 5) " PALESTRA " 6) Brasier et sièges de bronze. 7) Vasque pour les ablutions. 8) Vasque pour le bain.
SERVICES - E) Entrée. 9) Fours pour l'air et l'eau à différentes températures.
THERMES DES FEMMES. D) Entrée. 10) Vestiaire. 11) Vasque pour le bain froid. 12) " TEPIDARIUM ". 13) " CALIDARIUM ". 14) Cour et escaliers menant à l'étage supérieur.

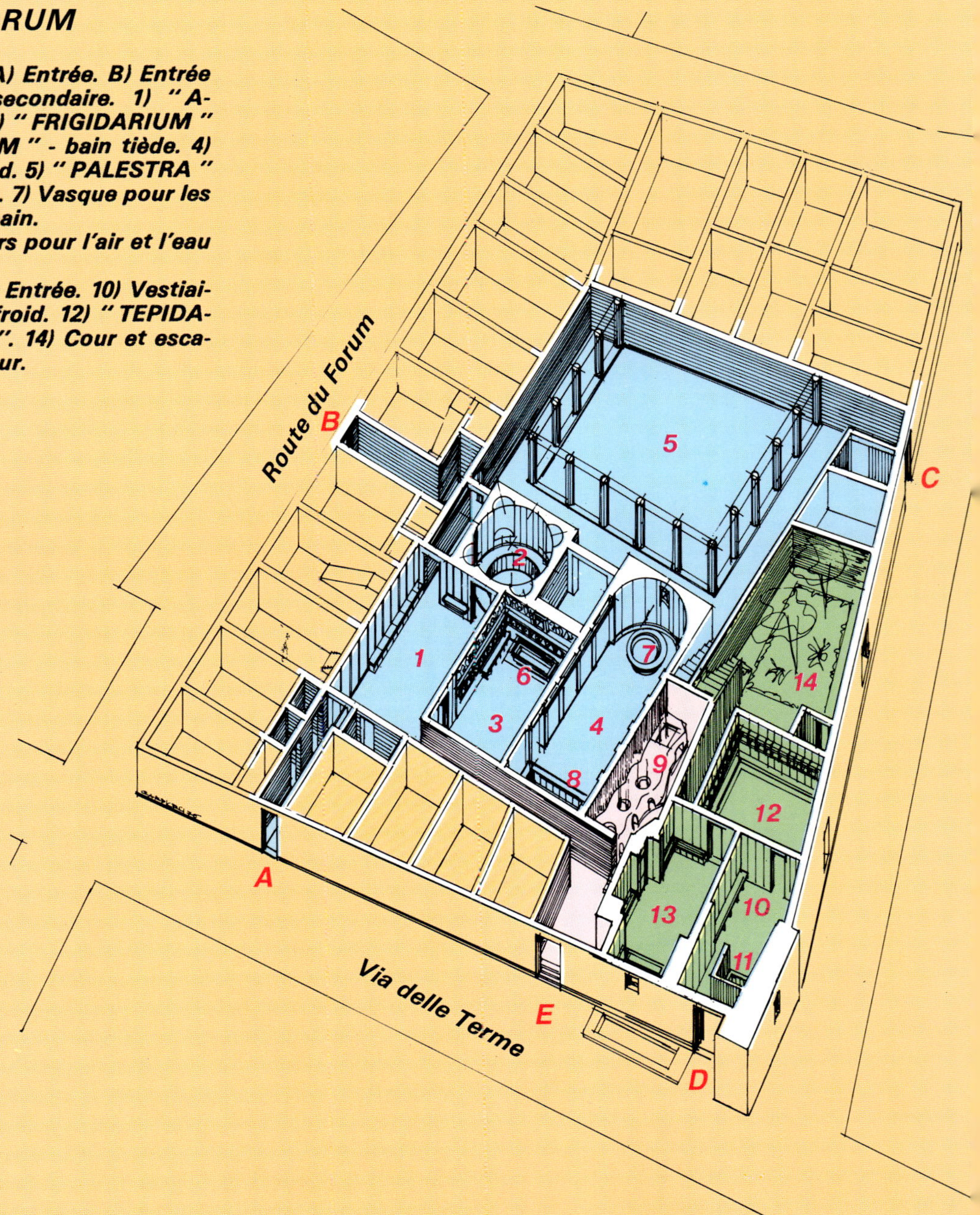

Thermes du Forum. Ci-dessus: le "Tepidarium"; ci-dessous: le "Calidarium" (à gauche) et le "Frigidarium".

19 La **MAISON DU POETE TRAGIQUE** (J. VIII, n° 5) est la première habitation intéressante en face des Thermes. Exemple typique de maison moyenne acquise et rénovée par la classe qui dominait économiquement dans les dernières années, elle était enrichie d'œuvres d'art qui, avec les premières fouilles du XVIIIe siècle furent envoyées au Musée National de Naples, tel les peintures autrefois dans l'atrium et le péristyle (le Sacrifice d'Iphigénie, l'Enlèvement de Briséis, Héra et Zeus) et la mosaïque du tablinum, montrant une représentation du théâtre tragique, et qui donna son nom à la maison.
Il est facile d'imaginer ce qu'était la maison il y a des siècles, en reconstruisant par l'imagination la couverture de l'atrium par où pénétrait le soleil à travers le compluvium, et en évoquant toute la finesse des peintures, des mosaïques, la verdure et le petit temple dans le jardinet, animés par les couleurs et les lumières.

Maison du Poète tragique. Ci contre: vue de l'atrium, du tablinum et du jardinet avec le laraire, tels qu'ils apparaissent aujourd'hui. A la page suivante: tels qu'ils étaient il y a deux mille ans.

PLAN DE LA MAISON DU POETE TRAGIQUE

B) Boutiques tenues par le propriétaire de la maison et, pour cela, communiquant avec le vestibule. 1) Entrée et vestibule avec une mosaïque du " cave canem " (attention au chien) sur le pavement. 1) Escalier de service. 2) Escalier menant à l'étage supérieur. 3) Impluvium et base en marbre du " Cartibulum " (table sacrée dans l'atrium). 4) " Cubicula " (chambres de repos). 5) " Alae " sur les côtés de l'atrium. 6) " Oecus " (séjour) et, à côté, l' " Andron " (corridor). 7) " Culina " (Cuisine). 8) Laraire, en forme de petit temple, qui abritait les dieux tutélaires de la maison. 9) " Posticum " (entrée secondaire).

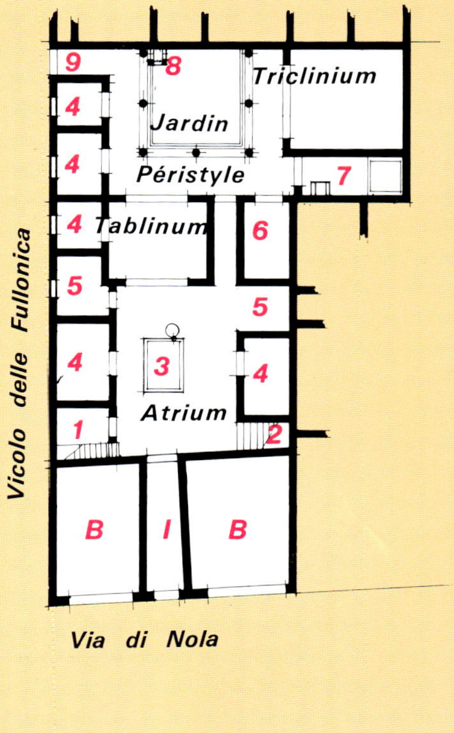

20 La **Maison de Pansa** (J. VI, n° 1) est une des grandes maisons nobles qui prenaient tout un ilôt. Construite elle aussi par les Samnites, elle avait comme caractéristique un grand bassin remplaçant un jardin, dans le péristyle. Au fond de la galerie, en arrière de la cuisine, se trouvaient l'écurie et la remise des chars.

21 La **MAISON DE M. FABIUS RUFUS** (J. occidentalis, n° 19) a été récemment remise au jour. C'est une des villas parmi les plus grandes, avec des peintures du IVe style dans l'atrium et un intéressant petit ensemble thermal.
Avant le petit Vicolo di Mercurio, nous trouvons une ancienne habitation transformée celle-là en **Pistrinum** (J. III, n° 3) c'est-à-dire un four à pain. On voit encore les anciennes meules à grain, le four avec sa vieille hotte, la réserve des céréales (« horreum »), l'étable des animaux (« stabulum »).

22 La **MAISON DE SALLUSTE** (J. II, n° 4) vient juste après le carrefour avec le Vicolo di Mercurio. Bien que resserrée entre les deux rues, elle garde plus que nulle autre les proportions de grande noblesse et de simplicité de la parfaite maison samnite. Autour de l'atrium on voit encore des restes de la décoration de premier style « structural ». A droite s'étend une aile parallèle, complètement transformée à l'époque romaine, toute ramassée autour d'un petit péristyle avec un jardin; à droite, la salle à manger d'hiver; à gauche, la cuisine; sur les côtés dans le fond, deux chambres à coucher.
Sur les côtés de l'entrée, six pièces furent arrangées en boutiques; le « thermopolium », à gauche de l'entrée, prolonge le comptoir du débit de boissons jusqu'à l'intérieur comme s'il servait aussi pour la grande maison.

23 La **Maison du Chirurgien** (J, I, n° 9-10) vient après le siège de la corporation des salines (« statio saliniensium ») installées près du port de Pompéi. Cette habitation, construite au IVe-IIIe siècle av. J.-C. en blocs de calcaire, est une dérivation directe de l'ancienne maison italique. On y a retrouvé de nombreux et très importants instruments chirurgicaux.
La **Maison des Vestales,** contiguë a celle du Chirurgien, était une maison opulente mais sans unité, obtenue par la fusion d'habitations plus modestes. Presque en face se trouvent les vestiges d'un hôtel. Dans le fond apparaît la belle porte d'Herculanum.

Maison de Pansa: le péristyle.

Un tronçon de la Via dei Sepolcri.

24 La **PORTE D'HERCULANUM** (Porte « Saliniensis ») fut reconstruite totalement à la période de l'empire augustéen c'est-à-dire quand murs et portes n'avaient plus de but défensif; elle ressemble en effet à un arc de triomphe où le grand arc central était destiné aux chars, et les deux plus petits aux piétons. A droite on voit l'ancien « agger » des murs, revêtu de gros degrés de tuf qui, tandis qu'ils servaient de contreforts permettait aussi aux défenseurs l'accès au sommet des fortifications; des fouilles effectuées à l'intérieur de l' « agger » ont permis de retrouver des restes des murs grecs du Ve siècle av. J.-C. Entre la Porte d'Herculanum et la Porte du Vésuve, on peut voir les murs et les tours construits par les Samnites pour résister aux assauts des Romains et près des portes, dans les gros blocs de tuf, les trous profonds produits par les projectiles de pierre lancés par les machines de guerre de Sylla.

25 La **VIA DEI SEPOLCRI** commence tout de suite après la Porte d'Herculanum. Les tombeaux se confondent avec les villas et les édifices commerciaux. Vers le nord, il faut remarquer: la **Villa aux colonnes de mosaïque** (à demi couverte) avec une belle fontaine et, dans le jardin, les restes de tombeaux du IIIe siècle av. J.-C.; le **Portique delle Tabernae** où chaque boutique avait une petite habitation avec un « coenaculum » à l'étage supérieur, au fond un four de potier. Au sud se trouve un grand ensemble, appelé **Villa de Cicéron,** amené au jour puis recouvert en 1763, dont les ravissantes peintures et mosaïques se trouvent à Naples. Dans les tombes suivantes il faut remarquer: les stucs des jeux de gladiateurs donnés en l'honneur d'**Umbricius Scaurus** (riche producteur du « garum », sauce pompéienne fameuse); les reliefs de la cérémonie funèbre et du navire qui aborde, sculptés sur le cippe du tombeau de **C. Munatius.**

En haut: le sépulcre à siège semi-circulaire de Mamia et le mausolée à colonnes de la famille Istacidia. En bas, sépulcre à petite chapelle décorée.

Monuments hors de La Porte d'Herculanum

A) Remblai des murs avec des degrés d'accès au chemin de ronde. P) " Pomerium " voie sacrée autour des murs. TM) Suite de boutiques avec un portique sur rue. S) Nécropoles samnites du IIIe siècle av. J.-C. TG) Longue série de boutiques avec un portique sur rue. X) Rue qui menait probablement aux thermes d'eau douce et d'eau de mer de M. Crassus Frugis. Z) Zones encore non explorées. Y) Rue moderne qui conduit actuellement à la Villa des Mystères. SEPULCRES. Premier tronçon. 1) Sépulcre à niche, de l' " augustalis " M. Cerrinius Restitutus. 2) Sépulcre à siège (" schola ") du duumvir Aulus Veius. 3) Sépulcre à autel, de M. Portius. 4) Sépulcre à siège de la prêtresse Mamia. 5) Mausolée à petit temple avec un cercle de colonnes, de la famille Istacidia. 6) Grand sépulcre à autel avec soubassement en pierre de lave et corniche en travertin. 7) Sépulcre construit par Fabia Sabina pour son mari " aedilis " M. Terentius Maggiores avec une contribution de 2.000 sesterces de la part des concitoyens. 8) Sépulcre à enceinte. 9) Tombeau dit aux guirlandes pour les décorations raffinées entre ses piliers. 10) Tombeau dit au vase bleu à cause du superbe vase de verre, avec de petits amours vendangeant, maintenant à Naples. 11) Petite chapelle funéraire décorée de stucs (voir la conque dans le bassin, les tritons et les dauphins sur la façade) avec un siège intérieur pour les voyageurs.
Second tronçon. 12) Sépulcre, inachevé, à autel, pour Servilia. 13) Sépulcre érigé par les décurions en l'honneur du commerçant Umbricius Scaurus. 14) Mausolée circulaire. 15) Sépulcre de l' " augustalis " Gaius Calventius Quietus. Dans l'autel de marbre est représenté le " bisellium " (place de théâtre égale à celle des décurions) dont il avait été honoré. 16) Sépulcre en forme de triclinium, d'Istacidius Helenus. 17) Mausolée à cippe sur cella funéraire, construit par Naevoleia Tyche pour son mari C. Munatius " pagano " c'est-à-dire habitant du faubourg (" pago ") Augustus Felix de Pompéi. 18) Sépulcre en forme de triclinium de Gneus Vibrius Saturninus. 19) Sépulcre à chambre avec une porte de marbre. 20) Sépulcre en travertin construit par la prêtresse Alleia Decimilla pour son mari duumvir et pour son fils décurion. 21) Sépulcre de la " gens " (famille) Ceia. 22) Sépulcre avec bossage et pilastre angulaire de la " gens " Arria.

VILLA DE DIOMEDE. a) Entrée. b) Péristyle. c) Petit péristyle. d) pièces du bain. e) Chambre à abside, avec une antichambre. f) Tablinum. g) Triclinium. h) Terrasse couverte. i) Terrasses découvertes. l) Pavillons-Belvédère. m) Grand jardin avec portique et cryptoportique. n) Bassin-fontaine. o) Triclinium d'été.

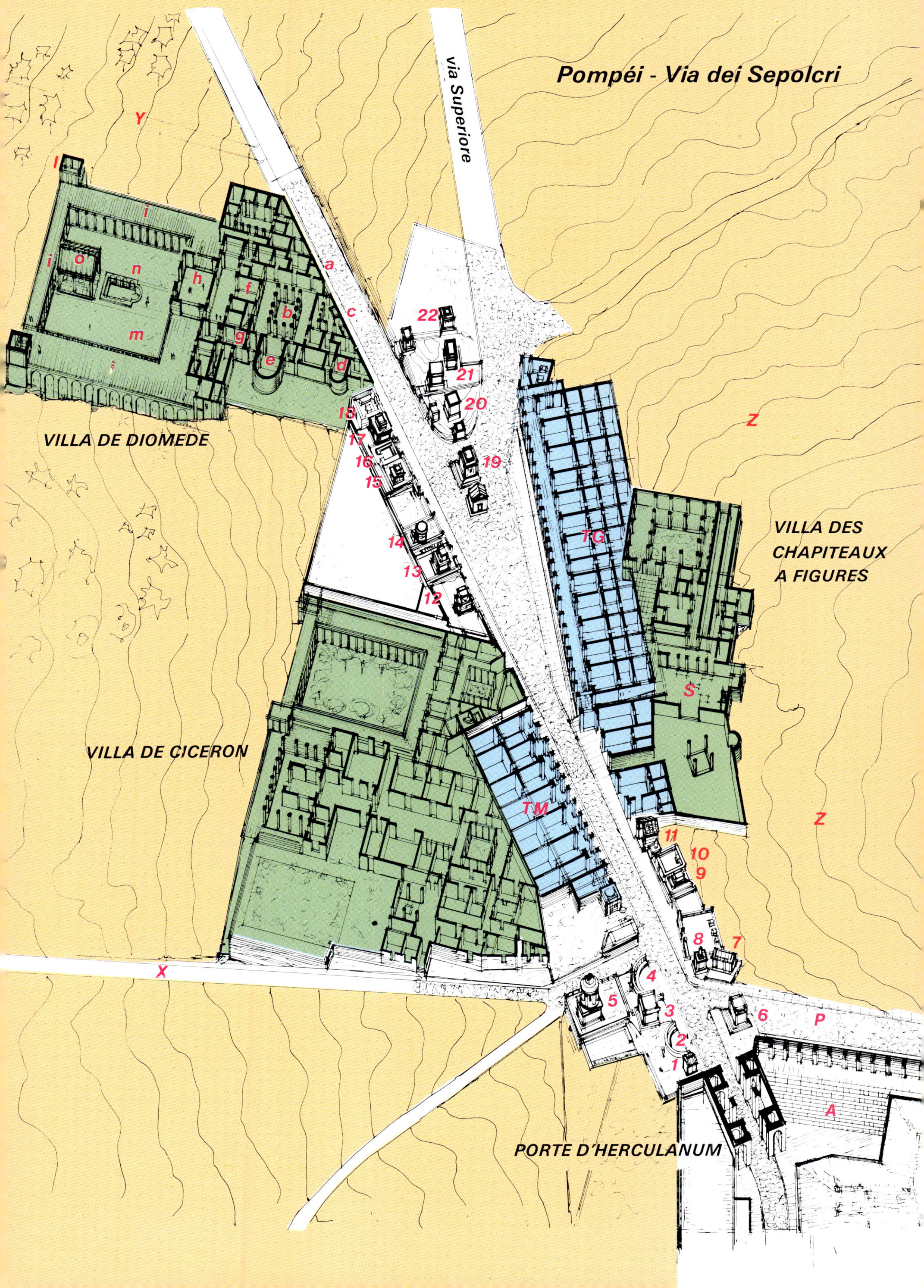

Pompéi - Via dei Sepolcri
via Superiore
VILLA DE DIOMEDE
VILLA DE CICERON
VILLA DES CHAPITEAUX A FIGURES
PORTE D'HERCULANUM
TG
TM
S
Z
Z
Y
X
P
A
a
b
c
d
e
f
g
h
i
j
l
m
n
o
1
2
3
4
5
6
7
8
9
10
11
12
13
14
15
16
17
18
19
20
21
22

Villa de Diomède: vue d'ensemble et détail de l'atrium-péristyle.

26 La **VILLA DE DIOMEDE** limite la nécropole au sud. Après les fouilles et les pillages du XVIIIe siècle, il est resté bien peu du faste antique, mais dans la disposition on entrevoit encore la noblesse et la grandeur de celle qui fut une des plus vastes villas suburbaines de Pompéi. L'ensemble semble avoir été étudié avec soin en vue de jouir des superbes vues de l'extérieur et de l'intérieur; et pour ce faire, il est orienté vers l'ouest, et est disposé sur deux plans fortement décalés.
L'habitation est centrée sur l'atrium-péristyle, et se projette vers le grand jardin, qui est au niveau inférieur. Au-dessus des portiques, qu'entourait entièrement le grand « viridarium », courait une terrasse « solarium » et « ambulatio » pour les promenades au grand air; à l'extrémité se trouvaient deux grandes tours permettant de jouir, à l'abri, de la vue sur la mer. Sous les portiques court une grande galerie (cryptoportique) que l'on était en train d'arranger en cellier pour les amphores à vin dans les dernières années, pour les nécessités du dernier propriétaire certainement un gros négociant en vins.

La Villa de Diomède telle qu'elle était il y a deux mille ans. Remarquer: les pièces de la villa dominant l'étage le plus élevé; le grand jardin au niveau inférieur, protégé du vent grâce au portique qui l'entoure complètement. Dans le jardin: la piscine monumentale et le triclinium pour les repas dehors. A gauche de la villa: l'entreprise agricole.

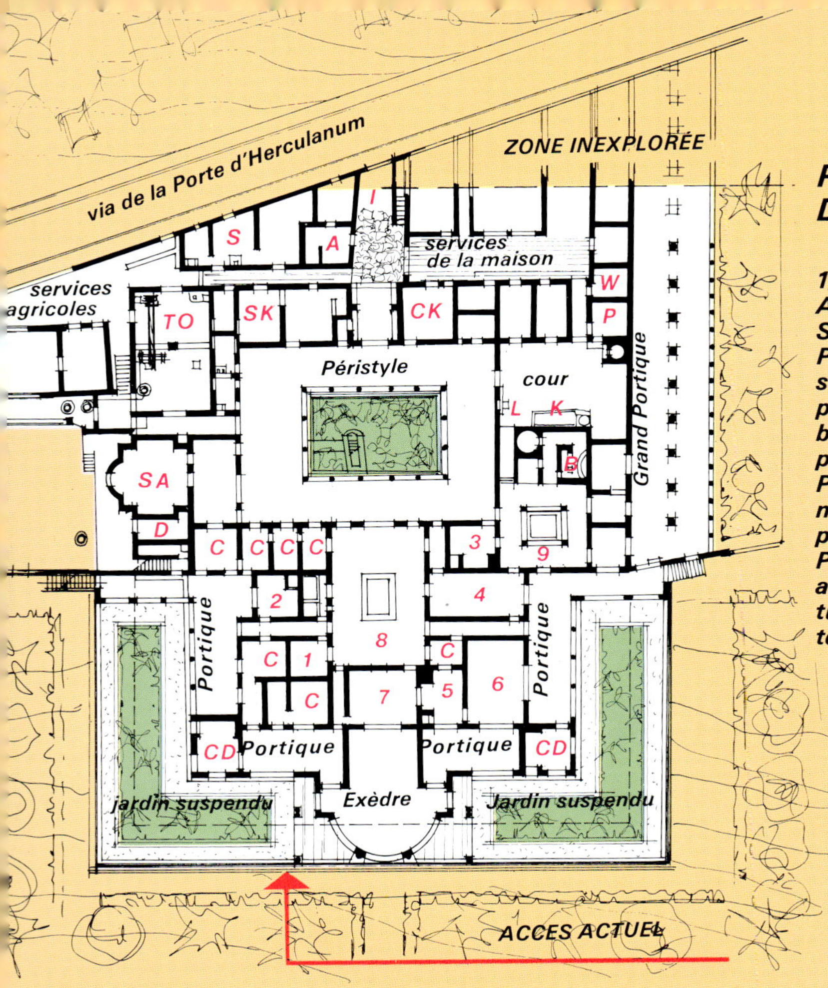

PLAN DE LA VILLA DES MYSTERES

1) Entrée des voitures (pas encore accessible). A) Administration. S) Dépendances de la ferme. SK) Instruments agricoles et cuisine. TO) Pressoir à raisin et travail du vin. CK) Cuisine de service. K) Cuisine. L) Laraire. P) Atelier des pâtes et four. B) Pièces pour le bain. C) Chambres de repos. D) Réserves, débarras. CD) Pièce pour la sieste.
PEINTURES ARCHITECTONIQUES. 1) Colonnade simple. 2) Péristyle à arcs. 3) Péristyle à plate-bande. 4) Colonnade à guirlandes.
PEINTURES DE FIGURES. 5) Satyre dansant et autres figures. 6) Mystères dionysiaques. 7) Peintures égyptisantes. 8) Atrium toscan. 9) Atrium tétrastyle.

27 La **VILLA DES MYSTERES**, est, par l'importance de ses peintures, l'un des monuments les plus importants de l'antiquité. Au IIe siècle av. J.-C., son dessin planimétrique était plus simple, par la suite on l'enrichit toujours davantage par des agrandissements, des réfections et des surélévations. Après le tremblement de terre de 62 ap. J.-C., de nouveaux propriétaires étaient en train de la transformer en entreprise agricole. Actuellement on y accède par les pièces donnant sur la mer, mais l'entrée se trouve du côté opposé et était si vaste que même les chars pouvaient y accéder.
Toutes les décorations du rez-de-chaussée sont du second style (excepté celles du tablinum qui sont du IIIe style avec de délicieuses miniatures sur fond noir de type égyptisant). Une série de celles-ci consiste en de merveilleuses **architectures peintes**: encore maladroites dans la pièce à gauche du tablinum; très belles dans la pièce, peu distante, avec une double alcôve (remarquer les portiques avec des arcs, la grande porte avec une vue de temple circulaire). Enfin dans l'« oecus », au sud de l'atrium, nous voyons d'autres colonnades superbes avec des guirlandes et une magnifique porte. L'autre série de décorations et constituée par d'inégalables **peintures de figures** qui se font suite dans deux pièces contiguës. Dans la première, sur les murs, nous voyons sept grands panneaux avec de très belles figures isolées. Dans la seconde, la plus grande, nous attend un inoubliable spectacle: en tournant nos regards tout à l'entour, et avec la plus grande attention, nous assistons à un rite dionysiaque, qu'interprètent pour nous 29 acteurs en une scène ininterrompue, solennelle, silencieuse, lourde d'un mystère profond, où lentement, personnages, symboles et objets, tous réduits à l'essentiel, semblent prendre vie dans une dimension nouvelle hors de la réalité sensorielle.
La frise, haute de 3 m et longue de 17, représente l'initiation d'une jeune épousée aux mystères dionysiaques. (ces mystères répandus en Campanie et en Etrurie, qui bénéficièrent d'un prosélytisme considérable dans toute l'Italie malgré les sévères sanctions décrétées par le Sénat romain). On suppose que ces admirables peintures, auxquelles s'ajoutent celles de l'antichambre, ont dû être commandées à un artiste campanien du Ier siècle av. J.-C. par la propriétaire de la villa, Ministre et Grande Initiée du culte, représentée en matrone à droite de l'entrée. D'autre part, tous les personnages ont des caractéristiques qui permettent de penser qu'il s'agit de personnes ayant réellement existé et que, 2000 ans après, nous revoyons dans leur symbolisme éternel.

La façade de la Villa des Mystères, côté mer, telle qu'elle était il y a deux mille ans. Remarquer la rotonde-Belvédère, toute en fenêtres côté mer, avec deux petits jardins suspendus sur les côtés.

Villa des Mystères: l'extérieur et le peristyle.

Villa des Mystères; détails des peintures à l'intérieur de la vila qui est l'un des monuments les plus importants de l'antiquité.

1 2 3 4 5 6 7 8

12 13 14 15 16 17 18 19

10 11

REPRESENTATION DES MYSTERES DIONYSIAQUES

" CATECHESI ". Dionysos enfant (2) lit le rituel à la future initiée (1). L'initiatrice (3) observe et a un " volumen " dans la main gauche. " AGAPE SACRA ". L'offrant (4) se dirige vers l'administratrice (6) du sacrifice lustral aidée des servants (5, 7). Scène pastorale du Silène (8) qui joue de la lyre, en extase devant la vision divine. Une jeune " panisca " (9) joue du syrinx et une " satirisca " (10) allaite un faon. La future initiée (11), terrifiée, est sur le point de reculer à la vue de la flagellation sur la paroi opposée. - Groupe du Silène (12) qui fait boire le petit satyre (13) tandis qu'un autre petit satyre (14) montre un masque terrifiant. - Noces du dieu Dionysos (15) et d'Ariane (16) symbole de la félicité extra-terrestre qui attend les initiés. - Une initiée debout (17) et une autre à genoux (18) se préparent à la révélation de la " mistica vannus " c'est-à-dire sont sur le point de découvrir le " phallos " symbole de la fécondité. - Divinité aux ailes noires (19) levant inexorablement le " flagellum " sur la future initiée (20); cette dernière se réfugie, désespérés, dans le giron de la compatissante compagne-guide (21). - La dernière épreuve est surmontée et la nouvelle initiée (22) danse, heureuse et libre. Devant elle se trouve l'assistant (23) avec le long " thyrsos " (grand bâton sacré). - Toilette de la nouvelle initiée (26) pour les noces divines; sa compagne (25) l'assiste encore tandis qu'un petit amour (24) tient le miroir et qu'un autre (27) attend et admire la beauté de l'épousée.

20 21 22 23 24 25 26 27

La Via de Mercurio, vue depuis la Tour de Mercurio.

28 La **Tour de Mercure** que nous trouvons en retournant dans la Via Consolare et tout au bout de la rue de même nom, est la onzième tour des murs de Pompéi, construite par les Samnites peu avant le siège des milices romaines dirigées par Sylla. Il vaut la peine de monter sur la terrasse de couverture pour admirer le superbe **Panorama de Pompéi** qu'entourent comme une couronne le Vésuve, les Monts Lattari et la mer.

29 La **Maison d'Apollon** (J. VII, n° 23) est tout de suite à droite en revenant vers la via di Mercurio. La façade a encore son aspect primitif sévère. L'intérieur fut entièrement refait avec des décorations du IVe style, dont on voit les traces jusque dans la colonnade feinte avec des niches peintes dans le fond du jardin, ou dans les architectures théâtrales avec des scènes d' « Apollon et Mars » dans la chambre à deux lits, et enfin dans les paysages et dans la mosaïque « Achille découvert à Scyros » hors du cubiculum. Remarquer aussi la gracieuse fontaine dans le fond à droite du tablinum.

30 La **Maison de Méléagre** (J. IX, n° 2) fait suite à gauche de la rue. C'est une remarquable construction samnite décorée pendant la dernière période romaine. A l'entrée nous voyons Mercure et la Fortune; dans l'atrium se trouve une table de marbre à la base de laquelle on remarque encore un récipient pour tenir les aliments au frais dans l'eau. Etant donné le peu d'espace, le péristyle avec un jardin s'étend à gauche de l'atrium. Au centre du péristyle s'ouvre une grande salle de réception avec une colonnade intérieure (« oecus corinthius »).

31 La **Maison du Centaure** (J. IX, n° 5) fait encore suite à gauche. C'est un autre exemple de trois maisons fondues en une. Remarquer la chambre à droite de l'entrée avec ses décorations du Ier style dit « structurel ».

32 La **Maison d'Adonis** (J. VII, n° 58) du côté opposé de la rue, est célèbre pour la grande peinture qui occupe presque entièrement un mur du jardin avec la scène de « Adonis assisté par Vénus et des Amours ». Dans une pièce à gauche, d'intéressants petits tableaux représentent la « Toilette d'Hermaphrodite ».

33 La **Maison de Castor et Pollux** (J. IX, n° 6-7) est encore une autre demeure faite de la fusion de trois maisons précédentes. L'atrium, de type corinthien, est le plus riche en colonnes, qui tournent autour de l'impluvium; dans les pièces du fond remarquer les petits tableaux: « La Naissance d'Adonis », « Scylla et Minos », « Apollon et Daphné », « Nymphe, Silène et Bacchus enfant ».

La Tour de Mercurio.

La Maison de Castor et Pollux.

Maison de Méléagre: le péristyle.

La fontaine de la Maison de la Grande Fontaine.

Maison de l'Ancre: le jardin tel qu'il est de nos jours.

34 La **Caupona de la Via di Mercurio** (J. X, n° 1) est l'Auberge à l'angle de la ruelle du même nom. On y voit encore le comptoir. Le « repositorium » en degrés pour la vaisselle et enfin la cuisine. Dans l'arrière-boutique on voit une série de petits tableaux: chariots avec des outres de vin; joueurs, voyageurs qui boivent, avec le caractéristique manteau à capuchon, et le garçon qui sert; images qui, toutes, font revivre la vie de la « caupona » (auberge) d'il y a des siècles.

35 La **Maison de la Petite Fontaine** (J. VIII, n° 23-24), juste après le carrefour, tire son nom d'une fontaine avec une mosaïque qui se détache dans le fond. Aux murs du Nymphée on découvre encore des traces de paysages avec des villas et des maisons à la campagne ou au bord de la mer.

36 La **MAISON DE LA GRANDE FONTAINE** (J. VIII, n° 22), contiguë à la précédente, possède elle aussi, au fond du tablinum, une admirable fontaine avec des stucs et des mosaïques de pâte de verre et de ravissantes statues de bronze (les originaux sont à Naples). Dans leur vivacité, parfaitement intacte après vingt siècles, nous retrouvons les couleurs et les motifs des décorations murales et des étoffes de l'époque. Intéressant également le portail en blocs de tuf bien équarris.

37 La **Fullonica** (J. VIII, n° 20) sur le côté de la maison de la Grande Fontaine, est la plus vaste usine de Pompéi pour le lavage et la teinture de la laine. Cette grande « fullonica » (teinturerie) fut réalisée à partir d'une demeure patricienne, en installant les bassins le long du portique et, du côté gauche, les conques en bronze pour le foulage des tissus, le lavoir, la presse et, enfin, le dépôt des étoffes lavées et repassées prêtes à être remises à la clientèle.

38 La **MAISON DE L'ANCRE** (J. X, n° 7) se trouve presque au bout de la Via di Mercurio, vers l'Arc de Caligula. Elle tire son nom de l'ancre de mosaïque de l'entrée, symbole, peut-être, des activités de marin du propriétaire. De plan irrégulier, elle n'est

Le jardin de la Maison de l'Ancre tel qu'il était il y a deux mille ans environ. Il reste bien peu aujourd'hui de ce qui était l'un des plus caractéristiques jardins des maisons pompéiennes de taille moyenne, autrefois orné et protégé par un second étage à portique qui couronnait le cryptoportique tout autour.

pas très étendue, mais son jardin est d'un grand intérêt: situé sur le côté droit il occupe plus de la moitié du peu de surface disponible. Il est resté bien peu de la richesse architecturale et décorative de ce jardin intérieur mais il n'est pas difficile de la reconstruire en imagination: les décorations de mosaïques, de peintures et de stucs qui ornaient l'ensemble et en particulier l'édicule et les niches du fond; le complément du portique consistant en piliers et colonnes qui tournaient tout autour à l'étage supérieur; la verdure, les fleurs et les sculptures petites ou grandes disséminées dans le jardin (voir la reconstitution à la page précédente).

39 La **MAISON DU FAUNE** (J. XII, n° 2-5) donne sur le morceau de la Via della Fortuna après son croisement avec la rue qui prend son nom. C'est le plus bel exemple de « domus » qui nous soit parvenu de l'antiquité; occupant tout l'espace compris entre les quatre rues (« insula » de 40 m x 110 environ), elle possède en quantité et en qualité toutes les caractéristiques des autres demeures patriciennes. On suppose justement qu'elle a été construite par Publius Sylla, neveu du conquérant de la ville samnite, préposé à l'organisation et à la conciliation des anciens et des nouveaux intérêts de la république romaine à Pompéi, (la marche de l'entrée et l'ouverture de la porte à l'extérieur sont la marque désignant la distinction particulière de la maison). Elle avait deux atriums, l'un desservant la partie principale de la « domus » et l'autre, à droite, avec quatre colonnes au milieu (tétrastyle) et avec sa propre entrée, et destiné peut-être à accueillir des étrangers. Elle avait deux péristyles avec leur propre

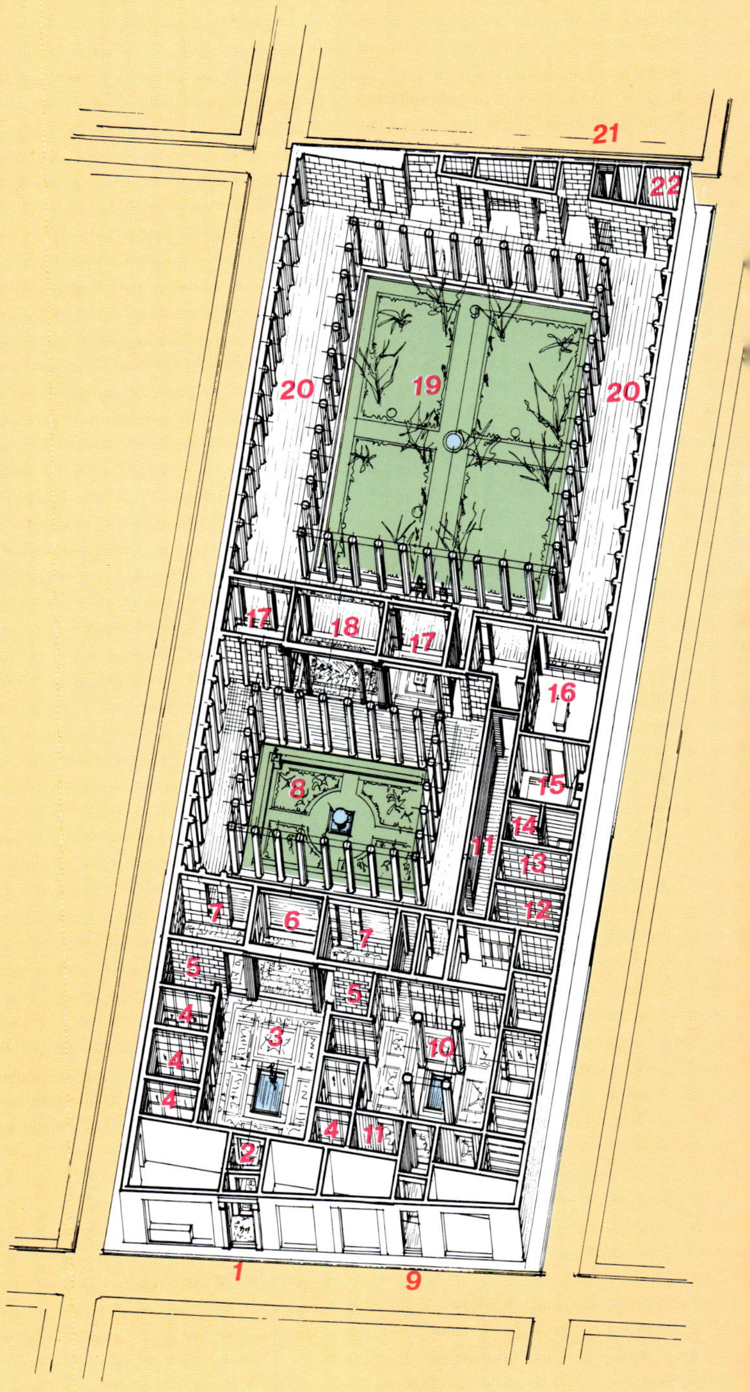

PLAN DE LA MAISON DU FAUNE

1) " VESTIBULUM " avec une double porte; sur le pavement l'inscription de bienvenue " have ". 2) " FAUCES ", entrée avec, sur les côtés, deux petits temples pour les Lares protecteurs de la maison. 3) Grand " ATRIUM " toscan, à impluvium en " opus sectile " (plaques de marbres polychromes) et petite fontaine du Faune dansant. 4) " CUBICULA ". 5) " ALAE ". 6) " TABLINUM ". 7) " TRICLINIUM " pour les repas en hiver et " TRICLINIUM " pour les repas en automne. 8) Jardin avec péristyle à colonnes ioniques. 9) Entrée de la partie réservée aux étrangers et des pièces de service. 10) Atrium tétrastyle (à quatre colonnes) et locaux pour les étrangers. 11) Escalier menant à l'étage supérieur. 12) Corridor des pièces de service. 13) Ecurie et remise à voitures. 14) Locaux pour le bain. 15) Cuisine. 16) Réserve. 17) Tricliniums d'été. 18) " EXEDRA " où se trouvait autrefois la célèbre mosaïque d'Alexandre maintenant à Naples. 19) Grand jardin. 20) Grand péristyle autrefois à deux styles de colonnes (ionique et dorique). 21) " POSTICUM " (entrée secondaire). 22) Locaux pour le jardinier et le portier.

Maison du Faune: l'état actuel de l'une des plus nobles maisons de l'antiquité.

jardin, dont celui du fond de dimensions exceptionnelles et avec deux suites de colonnes et une entrée sur l'arrière. Dans l'atrium principal, qui est toscan, c'est-à-dire sans colonnes, on voit le bel impluvium encore plein d'incrustations géométriques en marbres polychromes, et la superbe petite statue du Faune dansant (l'original est à Naples). Il est facile d'imaginer la couverture de l'atrium, d'où vient la lumière; de retrouver, à travers le tablinum, l'ancienne perspective, avec la fuite de colonnes innombrables, plongée dans la lumière et dans la verdure des jardins; centre de l'admiration, le petit Faune qui danse, heureux, en regardant en l'air comme pour défier le soleil. Dans le plus petit péristyle se trouve encore le socle en marbre de la fontaine centrale (« labrum »). Le grand péristyle était certainement l'un des plus vastes; deux files de colonnes tournaient tout autour soit 88 colonnes, d'environ quatre mètres de haut, doriques au rez-de-chaussée et, peut-être, ioniques à l'étage supérieur. Le périmètre extérieur mesure 38 m x 44 et le périmètre intérieur 27 m x 30. Il est intéressant de s'imaginer ce que devait être ce portique, évoquant celui que l'on réalisait dans le Forum, embelli par le jardin, certainement décoré avec goût (« ars topiaria ») et d'obtenir ainsi l'image d'une cour ravissante, digne ancêtre de celles qui viendront quatorze siècles après.

Entre le petit péristyle et le grand, l' « Exèdre » fait charnière, c'est la pièce la plus noble de la grande maison, non seulement à cause des colonnes sur les côtés de la grande entrée (décorations du Ier style aux murs) mais aussi à cause de la mosaïque qui, autrefois s'étendait à terre comme un merveilleux tapis (au centre se trouvait le célèbre tableau en mosaïque de la « Bataille d'Alexandre le Grand contre Darius roi des Perses », maintenant au Musée National de Naples). D'autres très belles mosaïques, autrefois dans le triclinium de gauche, dans les ailes de l'atrium et dans le triclinium d'hiver (toutes au Musée National de Naples), ainsi que la distribution harmonieuse des espaces et des volumes, la sobriété des décorations murales du Ier style, les très beaux péristyles pleins de verdure et leurs architectures, concouraient à rendre cette maison l'une des plus nobles demeures privées du monde antique.

La Maison du Faune telle qu'elle était il y a dix-neuf siècles. Vue de l'atrium avec l'impluvium et le tablinum; dans le fond on découvre les colonnes des deux péristyles et de l'exèdre.

La Bataille d'Alexandre le Grand contre Darius, roi des Perses, célèbre mosaïque, actuellement au Musée National de Naples, qui décorait le sol de l'"exèdre" de la Maison du Faune.

40 La **Maison au Mur Noir** (Reg. VII, J. IV, n° 59) est en face de celle du Faune. Le mur qui lui donne son nom, nous le trouvons dans une pièce derrière le péristyle et certainement que lorsque le fond avait tout son brillant, l'effet d'ensemble, avec les Amours peints sur les panneaux, devait être remarquable. Remarquer aussi l'élégant péristyle avec un côté décoré de piliers encastrés en stuc.

41 La **Maison des Chapiteaux à Figures** (J. IV, n° 57) est un exemple plus tardif de maison samnite. Les chapiteaux figurés avec la ménade et le couple d'époux, que l'on voit aujourd'hui à l'Antiquarium, se trouvaient à l'entrée. Dans le jardin il y a un cadran solaire et le Laraire.

Peu après nous trouvons l'entrée secondaire de la **Maison d'Ariane** ou des **Chapiteaux Polychromes** (J. IV, n° 51) qui sont dans le péristyle (chapiteaux samnites en stuc et peints par les Romains). L'entrée principale de cette grande maison donne dans la Via degli Augustali. Remarquer: le profond bassin du jardin; les peintures du IVe style (avec des figures et des paysages) dans les pièces du péristyle.

Puis vient la **Maison de la Chasse** (n° 48) avec une façade samnite. A l'intérieur il y a des traces des riches décorations (les mieux conservées sont à Naples) comme: l'Automne et l'Hiver dans l'atrium; les petits tableaux mythologiques, dans les chambres, et la grande scène de chasse aux fauves peinte sur la paroi de fond du jardin.

42 La **MAISON DU LABYRINTHE** (Reg. VI, J. XI, n° 9-10) est entièrement derrière la Maison du Faune. C'est également une grande maison de l'époque samnite, avec deux atriums dont le principal est celui à quatre colonnes (tétrastyle). Là aussi les pièces de réception sont somptueuses, et surtout la salle du milieu, au fond du péristyle, avec une colonnade intérieure (« hoecus corinthius ») et l'on voit aux murs de belles architectures peintes du IIe style, très semblables à celles de la Villa des Mystères au point de sembler être du même auteur (il faut y remarquer aussi le petit temple rond). Dans le pavement de la pièce voisine se trouve encastrée une mosaïque représentant Thésée et le Minotaure dans le Labyrinthe. Le grand péristyle est intéressant aussi, il est en grande partie encore intact.

Maison du Labyrinthe. Ci-dessus: le péristyle; ci-dessous: architectures peintes dans l'"oecus".

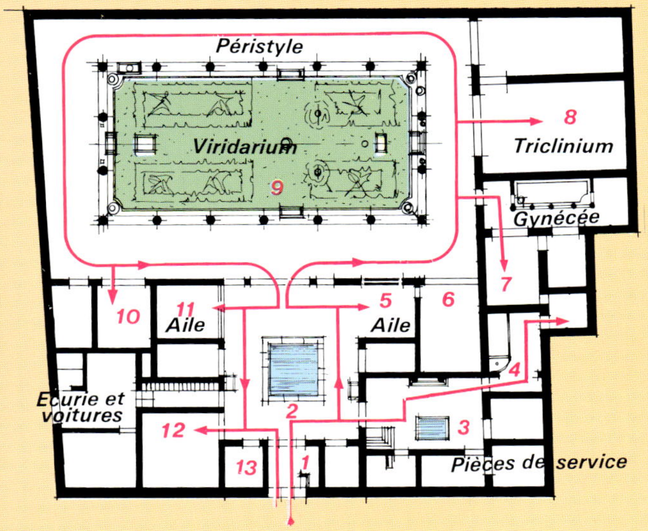

PLAN DE LA MAISON DES VETTII

N.B. On a indiqué en rouge le parcours conseillé pour voir les oeuvres les plus intéressantes. Les chiffres distinguant les différents locaux sont reportés dans le texte avec les descriptions se rapportant aux oeuvres.

Page suivante: fresque représentant Priape, dieu de la fécondité.

43 La **MAISON DES VETTII** (J. XV, n° 1) a presque intégralement été ramenée au jour grâce à des fouilles précises et diligentes il y a un siècle. C'était la demeure, pas très grande, de deux riches marchands: Aulus Vettius Restitutus et Aulus Vettius Conviva, qui dépensèrent à profusion pour cette maison, que ce soit pour la décorer ou encore plus pour montrer leur puissance économique. La maison s'étend sur deux côtés contigus du péristyle, sur plus de la moitié de l'espace disponible. Dans l'angle laissé libre par les pièces principales s'insère l'appartement des femmes (gynécée) et les pièces de service qui devaient certainement continuer à l'étage, qui a été détruit. Ce qui est à admirer dans cette maison, plus que l'architecture, ce sont les splendides décorations picturales qui représentent une insurpassable pinacothèque « in situ », du IVe style pompéien, exécutées après le tremblement de terre de 62 ap. J.-C.
(N.B. la description suit l'itinéraire avec les numéros progressifs reportés sur le plan). 1 – VESTIBULE. Plafond: Priape, dieu de la fécondité, contre le mauvais œil de ceux qui envient la richesse de la maison. 2 – ATRIUM. Sur les côtés deux coffres-forts; aux murs: merveilleuse décoration de frises avec Amour et Psyché. 3 – PETIT ATRIUM. A droite: Laraire en forme de petit temple avec la peinture du Génie du « pater familias » entre deux Lares (dieux protecteurs) et sous leurs pieds, le grand serpent « agathodémon » qui se désaltère avec les offrandes. 4 – PETITE COUR AVEC UNE CUISINE. Dans le foyer est encore visible le trépied avec le chaudron; en arrière, vers le gynécée, pièce renfermant des scènes pornographiques. 5 – AILE DROITE DE L'ATRIUM. Médaillons avec la tête de Méduse et celle de Silène. 6 – OECUS A DROITE DU PERISTYLE. Plinthe avec de faux marbres; grands panneaux s'ouvrant sur des architectures imaginaires avec des divinités (en haut), en bas petits tableaux de scènes marines et masques. Sur les panneaux, aux angles, couples de bacchantes dansant. Dans les trois grands panneaux figurés, en commençant par le mur de gauche: Dédale présentant à Pasiphaé la vache de bois; Ixion lié à la roue par Vulcain, en présence de Junon irritée, ayant à ses pieds Néphélé désespérée de douleur pour son bienaimé Ixion; Dionysos. 7 – TRICLINIUM DE L'APPARTEMENT DES FEMMES. Tableaux: Ulysse reconnaissant Achille; Hercule surprenant Augias. 8 – GRAND TRICLINIUM. Murs à panneaux rouges avec des piliers noirs décorés (les petits tableaux peints sur bois et encastrés au milieu de chaque paroi ont été perdus). Sur la bordure de la plinthe se déroulent comme en une séquence cinématographique des scènes successives d'enfants imitant les activités des grands. De droite à gauche: tir à la cible; fleuristes; fabricants et marchands de parfums et de pharmacie (on voit l'armoire aux onguents, le comptoir avec la balance et le recueil de formules, et une Psyché soignée par un petit amour); auriges sur leurs biges; artisans en métaux et pierres précieuses; blanchisseurs et teinturiers (« fulloni »); fêtes de la déesse Vesta (« Vestalia »); vendangeurs; fêtes et triomphes de Bacchus. Evidemment, ces scènes résument tout ce qui concernait la vie des Pompéiens. Dans les petits tableaux sur fond noir: Psyché cueillant des fleurs. Près des panneaux centraux des murs les plus longs: à droite, Agamemnon sur le point de tuer le cerf sacré de Diane et Apollon vainqueur de Python; à gauche, Oreste et Pylade devant le roi Thoas et Iphigénie. Dans les panneaux se trouvent des couples fameux de la mythologie (en venant de la droite): Persée et Andromède; Dionysos et Ariane; Apollon et Daphné; Neptune et Amymoné; Hermaphrodite et Silène. En haut des architectures imaginaires avec des figures de divinités. 9 – PERISTYLE. Décoration des parois avec des scènes architectoniques sur fond clair descendant d'en haut, en grands panneaux. Dehors, les pelouses du jardin ont été fidèlement reconstituées selon les traces laissées par l'ancien jardin et toutes les fontaines grandes et petites alentour sont alimentées au moyen des mêmes con-

duits de plomb qu'il y a des siècles. Ainsi pouvons-nous voir à nouveau la verdure pulluler de satyres et de ravissants « putti » et réentendre la musique en sourdine des fontaines d'autrefois. 10 – OECUS à gauche du péristyle. Peintures encadrées dans de grands édicules architectoniques. Sur les côtés, des fenêtres s'ouvrent sur des architectures imaginaires. Dans les trois panneaux, en partant de la gauche: Hercule enfant étranglant les serpents envoyés par Junon; Penthée déchiré par les Bacchantes; Supplice de Dircé attachée par Amphion et Zéthos au taureau furieux. 11 – AILE A GAUCHE DE L'ATRIUM. Scènes de combats de coqs. 12 – OECUS DE L'ATRIUM. Petits tableaux représentant: Cyparix attristé d'avoir blessé à mort le cerf sacré d'Apollon; Pan luttant avec Amour. En haut, architectures imaginaires avec Léda, Danaé et Jupiter sur son trône. 13 – CELLA. Au-dessous de la frise, tableautins d'une autre main et d'intérêt moindre: Ariane abandonnée, Héro et Léandre. Dans la frise: vivier de poissons frétillants.

Maison des Vettii. En haut: le laraire; en bas: vue du péristyle et du jardin.

Maison des Vettii. Fresque dans l'œcus del'atrium représentant Cyparisse triste d'avoir frappé le cerf aimé d'Apollon.

Maison des Vettii. Ci-dessus: une décoration de l'atrium; ci-dessous: détail de la frise du triclinium (course de biges avec de petits amours).

Maison des Vettii. Ci-dessus: une des peintures de l'"oecus"; ci-dessous: Hercule enfant étranglant les serpents (à gauche) et détail d'Ixion lié à la roue par Vulcan.

44 La **MAISON DES PETITS AMOURS DORES** (J. XVI, n° 7). C'est une autre riche demeure, située à droite de la Maison des Vettii. Egalement exemple de ce goût raffiné des nouveaux riches, elle appartenait à Poppæus Abitus, qui avait peut-être des origines communes avec Poppée, femme de Néron. Il faut remarquer, outre la richesse de la décoration et des pavements, l'habileté avec laquelle on a superposé la nouvelle demeure à l'ancienne, en exploitant l'espace limité et l'inégalité du terrain et en la distribuant autour du péristyle et du jardin.
De tant de raffinement, une bonne partie nous est parvenue grâce à la précision des fouilles du début du XXe siècle, et il y a de nombreuses œuvres picturales et des mosaïques à remarquer. Dans deux « cubicula » sur les côtés de l'atrium: Pâris; Mercure; Léda et le cygne; Narcisse au bord de la fontaine. Au fond du Tablinum: Pâris et Hélène à Sparte. Dans le triclinium, qui rattache l'atrium au péristyle, des peintures du IIe style comme: Téthys dans la forge de Vulcain; Jason et Pélias; Achille, Briséis et Patrocle. Une zone particulièrement intéressante est le péristyle; le portique de la façade est surélevé comme pour former une scène de théâtre (« pulpitum ») pour des spectacles à l'air libre;

Maison des Petits Amours Dorés. Ci-dessus: Téthys dans la forge de Vulcan; ci-contre: Vénus marine; page précédente: le jardin (en haut) et relief en marbre.

entre des colonnes pendent des médaillons de marbre (« oscilla ») et des masques.
Le jardin est plein de bustes sur gaines (hermès) et de bas-reliefs de valeur autour de la fontaine et du bassin. Du côté nord du péristyle, on remarque un joli petit temple laraire; au sud, un petit autel consacré à la divinité égyptienne Isis. Dans l' « oecus », à droite du triclinium, nous voyons Diane et Actéon, Léda et Vénus Marine. A l'angle nord: la cuisine; la sortie secondaire, puis des pièces à décor sur fond noir où a été aussi reconstituée une partie de la décoration du plafond. A côté: une petite pièce où sont encastrés dans les murs des disques de verre avec de petits amours gravés et peints sur feuilles d'or.

Maison des Noces d'Argent: l'atrium tétrastyle.

45 En continuant vers le nord, nous trouvons la **Maison du Prince de Naples** (J. XV, n° 8), petite mais élégante. Noter le gracieux Silène qui porte Bacchus enfant, sculpté sur les supports de marbre d'une table, et un caractéristique petit temple laraire, avec un fronton en arc.

Au fond de la ruelle: la **Porte du Vésuve** et le **« Castellum Aquae ».** Ce dernier est une belle et simple construction, à arcs aveugles de briques, adossée aux massifs blocs des murs; à l'intérieur se trouve une grande citerne circulaire, où l'on filtrait, avec des diaphragmes de plomb, l'eau provenant de l'aqueduc augustéen et qui était ensuite distribuée à toute la ville.

46 La **Nécropole de la Porte du Vésuve** se trouve immédiatement à l'extérieur. A gauche, au milieu des cyprès, on peut remarquer le **tombeau de Vestorius Priscus,** érigé par sa mère; il a la forme d'un autel au milieu d'une enceinte décorée de scènes vie de l'au-delà. En retournant Via di Stabia, nous observons les sillons profonds laissés par le trafic intense des chariots sur cette voie qui était le « cardo maximus » de la cité. En avançant toujours vers le nord, nous pouvons visiter une petite demeure finement décorée: la **Maison de l'Ara Massima** (J. XVI, n° 15). En continuant et en tournant à gauche par la Via di Mercurio, nous rejoignons la Maison des Noces d'Argent.

47 La **MAISON DES NOCES D'ARGENT** (Reg. IV, J. 11, i), à la limite de la zone fouillée à la fin du siècle dernier, était une riche habitation presque aussi riche que celle des Vettii, mais plus importante par son authentique organisation samnite à l'époque d'Auguste. L'atrium, surtout, est majestueux, avec quatre colonnes et considéré comme le plus grand atrium tétrastyle pompéien. En face de l'atrium: l'aile de service avec cuisine, « calidarium » et « tepidarium », vestiaire, piscine « frigidarium », et enfin triclinium d'été. Le portique du péristyle, vers le tablinum, est plus haut et donne un caractère d'originalité et de majesté à l'ensemble. Au fond du péristyle s'ouvre une « exèdre » avec des parois à fond jaune; sur les côtés, deux chambres avec de belles décorations du IIe style, à comparti-

ments architectoniques. A l'angle, sur le côté à gauche du péristyle, un gracieux « oecus tetrastylus » avec quatre colonnettes couvertes en voûte: aux parois, encore des décorations du IIe style. Côté sud, une ouverture qui donne sur un péristyle encore plus vaste et avec un triclinium à l'air libre.

48 La **Bisca Lusoria** (Reg. VI, J. XIV, n° 28) se trouve Via di Stabia, à peine dépassée la **Maison du Laocoon,** qui est à l'angle droit du carrefour. C'était un tripot fréquenté par les jeunes Pompéiens, hommes et femmes. Une enseigne, constituée d'un vase entre deux phallus, en indique clairement l'entrée. Sur les murs, on voit encore marqués les gains du propriétaire, dus aussi à l'hospitalité offerte à l'étage supérieur. Suit une **Fullonica** (Teinturerie) (J. XIV, n° 22, 21), aménagée aussi dans une maison patricienne dont il ne reste que l'atrium. A côté vient la **Maison d'Orphée** (J. XIV, n° 20), autrefois propriété de Vesonius Primus, appelée ainsi à cause de la grande peinture d'Orphée au milieu des fauves, qui domine la paroi du fond du péristyle.

49 La **Maison de L. Caecilius Jocundus** (Reg. IV, J. I, n° 26) est en face de la Maison d'Orphée. Ici fut trouvé le coffre-fort encore plein de livres et de tablettes de cire constituant les archives du banquier. Dans l'atrium, on voit le buste du propriétaire (l'original, œuvre d'une vivacité et d'une puissance d'expression exceptionnelles, est à Naples) avec comme dédicace: « Genio L(ucii) nostri Felix I (ibertus) ». Sur le bord du Laraire, qui est à gauche de l'entrée, étaient sculptées les images du Temple de Jupiter, de l'Arc, et, à côté, de la Porte du Vésuve avec le « Castellum aquae » qui s'écroulèrent au cours du terrible tremblement de terre de 62 ap. J.-C. Au fond du tablinum on voit encore les traces de la décoration raffinée du IIIe style.

50 La **Maison du Taureau** (J. I, n° 7) se trouve en tournant à gauche dans la Via di Nola. La façade de la maison offre encore l'aspect de sévérité et de simplicité samnite de ses blocs de tuf. L'entrée

Maison de Lucretius Fronto. Ci-dessus: Narcisse à la fontaine (à gauche) et le Triomphe de Bacchus.

avait une seconde porte à gauche, de façon à empêcher que l'on puisse voir l'intérieur de la maison de la rue. Le mur du fond du péristyle est intéressant, avec des fenêtres et des pièces en stuc, représentant la façade d'un nymphée; autrefois, l'eau descendait des trois niches décorées de pâtes de verre et de coquillages, formant de gracieux entrelacs avec des chutes et de petites cascades.

51 La **Maison de la reine Marguerite** (J. II, nº 1) présente des peintures intéressantes dans les pièces situées sur les côtés du tablinum; dans celle de gauche: Léda et le cygne, Neptune et Amymoné, Mars et Olympe, Jupiter et Danaé, Méléagre et Atlante; dans celle de droite: Narcisse, Ariane, la folie de Lycurgue. Juste après cette maison vient la **Maison du Triclinium** où, sur un mur, est peinte une scène de banquet.

52 La **MAISON DE M. LUCRETIUS FRONTO** (J. IV, nº 11). On y parvient en déviant par la seconde ruelle à gauche. C'est la plus intéressante et la plus raffinée parmi les petites « domus » de l'époque impériale, avec de ravissantes peintures du IIe style. Dans celle-ci, grâce aussi à son excellent état de conservation, on ressent une vive sensation d'intimité sereine et harmonieuse. On voit dans le tablinum: des paysages avec des villas et des jardins; le triomphe de Bacchus; les noces de Vénus et de Mars (devant cette scène on a presque l'impression d'assister à une vraie scène familiale). Dans la pièce de droite: Narcisse à la fontaine, Péro allaitant son vieux père. Dans le triclinium d'hiver: Oreste tuant Neptolème, Thésée et Ariane, la toilette de Vénus. Au fond du jardin, un grand paysage africain avec des plantes et des animaux.

Maison de Lucretius Fronto: les Noces de Vénus et de Mars peintes dans le tablinum.

Page suivante: portion de la Via des Stabies.

CARDO
VIA STABIANA
TERME

Maison de M. Obelius Firmus: l'atrium tétrastyle.

53 La **Caserne des Gladiateurs** (J. V, n° 3), toujours Via di Nola, est une maison tout d'abord utilisée comme « hospitium » pour les « familiae gladiatorum » engagés par le municipe pour les spectacles dans l'amphithéâtre. On voit encore sur le stuc des colonnes les inscriptions des victoires et des amours des gladiateurs.

54 La **Porte de Nola** clôt le bout de la rue. A l'extérieur, dans la nécropole, à gauche se trouve l'intéressant **Sépulcre d'Aesquillia Polla,** à exèdre avec une colonne au milieu, qui supporte l'urne funéraire. Des fouilles très récentes ont libéré une partie des murs et le sépulcre de M. Obelius Firmus, autrefois « édile » et « duumvir » de Pompéi.

55 La **MAISON DE M. OBELIUS FIRMUS** (Reg. IX, J. IX, n° 2-4) presque en face de la maison des Gladiateurs, est une grande maison commencée à l'époque samnite. Elle a deux entrées, dont la principale, à gauche, mène à l'atrium tétrastyle de grandes proportions. Dans l'atrium: table de marbre; coffre-fort; fontaine avec un satyre et à l'angle le laraire en forme de petit temple. Dans le fond on accède à un portique irrégulier et se limitant à trois côtés et à un vaste jardin. Sur l'aile droite s'étendent les locaux de service. Dans le tablinum, dans l' « oecus » du péristyle et dans d'autres pièces on voit encore d'intéressantes peintures du IIe style, parmi lesquelles un médaillon avec les portraits du fils Obelius et de sa femme. Remarquer enfin la très savoureuse scène de banquet, esquissée à gauche du laraire domestique. Trois escaliers, un dans chaque atrium et un dans le péristyle, menaient à l'étage. Cet étage couvrait presque entièrement celui du dessous et donnait par une grande fenêtre sur le jardin.

56 La **MAISON DU CENTENAIRE** (J. VI, n° 3-6) fait suite du même côté de la rue, en retournant vers le Forum. Elle porte ce nom parce qu'elle fut ramenée au jour en 1879, 18ème centenaire de la tragique éruption. C'est une grande demeure faite de la fusion de trois habitations précédentes. Dans ce cas aussi, nous avons deux grands atriums, dont celui de droite (toscan) a encore son pavement de mosaïque et, sur les murs, des traces de petites scènes théâtrales. Ces décorations du IVe style continuent dans les « oeci » sur les côtés du tablinum: celui de droite à fond blanc; celui de gauche à fond noir. Le tablinum: on voit sur les parois de grands panneaux jaunes avec les emblèmes de Junon, d'Apollon et de Minerve. Sur le bord du bassin, au milieu du jardin, se trouve la copie du magnifique « Satyre avec une outre ». Dans le fond un nymphée autrefois découvert, avec une fontaine à niche décorée et des peintures de plantes et d'oiseaux, des viviers de poissons et des batailles de fauves. Dans l'appartement le plus petit, nous avons: l'atrium secondaire avec un Laraire; la salle de bains; un groupe de pièces dont une cuisine avec trois petits tableaux sur fond noir.

Maison du Centenaire, détail d'une fresque; au-dessous: restes de meule et fours bien conservés.

57 Avec le **Vicolo del Panettiere** nous entrons dans le quartier autrefois le plus vieux et le plus mal famé de Pompéi. A droite nous trouvons la **Maison de M. Spurius Mesor** (Reg. VII, J, III, n° 29) avec des peintures du IIIe style (en partie à Naples). De l'autre côté: la **Maison de Gavius Rufus** (n° 16), celle de **C. Vibius** (n° 18) et celle de **Popidius Priscus** (n° 29).
A l'angle nous trouvons le **Pistrinum del Vicolo Storto** (Boulangerie de la Ruelle Tortueuse), J, II, n° 22) probable propriété de ce Popidius Priscus. C'est une des boulangeries les plus caractéristiques particulièrement nombreuses dans la zone (voir aussi le **Pistrinum de la Via Stabia à l'angle de la Via degli Augustali** (Reg. IX, J, III, n° 10, 11) avec des meules et des fours bien conservés.
Ces boulangeries étaient certainement très importantes dans la vie commerciale de Pompéi et devaient fournir les localités voisines, du moment qu'elles étaient plus nombreuses qu'il n'était nécessaire pour la ville. Par les éléments encore sur place et les peintures qui nous renseignent, on peut reconstituer par l'imagination le cycle de production: de l'arrivée des céréales à la vente des produits.

RECONSTITUTION DU CYCLE COMPLET DU TRAVAIL DANS UN MOULIN-FOUR (" PISTRINUM ") D'IL Y A DEUX MILLE ANS.

A droite, en haut: on voit l'entassement des céréales et un homme qui verse le grain dans une grande meule manoeuvrée par un boeuf. Chaque meule est composée de deux parties en lave volcanique: une, pleine, de forme conique (" meta ") fixée sur une base ronde en maçonnerie; l'autre creuse et en double cône (" catillus ") roulant sur la première. Sur cette reconstitution, on voit, vers le bas, le montage d'une meule; à côté et vers le centre, le versage du grain dans l'embouchure supérieure et le montage de la tenaille en bois autour du col du " catillus ". Viennent ensuite deux hommes qui font tourner le " catillus " de façon que le grain descende et se brise de plus en plus au contact de la " meta " et sorte en farine, en bas, en s'amassant dans le récipient en plomb qui se trouvait autour de la base fixe en maçonnerie.
A gauche, en haut, nous voyons le pétrissage et le travail de la pâte (qui se faisait aussi avec des formes en métal), le plus souvent en forme de couronne; au milieu nous voyons le four. Les pains de différentes formes et qualités, une fois cuits étaient rangés et exposés sur des étagères nombreuses et sur les comptoirs puis vendus directement au public (dans la reconstitution, à l'angle à gauche, est montrée la scène de la vente d'après une peinture maintenant au musée de Naples. Une partie du produit était expédiée à différents revendeurs et aux villages voisins.

Ci-dessus: le four ("pistrinum") de la Via Stabia à l'angle de la Via degli Augustali; ci-dessous: l'entrée des Thermes Centraux.

58 Les **Thermes centraux** s'élèvent au croisement de la Via di Nola (decumanus supérieur) avec la Via di Stabia (cardino maximus). Ils furent commencés juste après le tremblement de terre de 62 ap. J.-C. pour répondre au besoin croissant de la ville, en pleine reprise, d'un autre lieu de rendez-vous pour la nouvelle « élite » citadine. Ces thermes, modernisés selon le modèle des grands exemples de la Capitale tendent à donner plus de lumière aux locaux et plus d'espace à la partie à l'air libre, enfin ils ont des possibilités plus vastes, avec le « laconicum », c'est-à-dire une pièce – encore plus chauffée que le « calidarium » – pour la « sudatio ». On n'a pas trouvé la section pour les femmes, mais il faut considérer qu'en 79 la piscine pour nager n'était pas terminée, et le portique de la palestre pas commencé. A l'angle, et dans la Via di Stabia, on voit une série de grandes boutiques et l'**Officina di « Ubani offectoris »** (J. III, n° 2) avec trois grands fours et des chaudières dans l'atrium d'une maison.

59 La **Maison de M. Lucretius** (J. III, n° 5) est contiguë à l'Officina. Cette maison était la somptueuse demeure d'un prêtre de Mars, décurion de la ville. L'atrium était probablement entièrement couvert, pour cette raison sans impluvium; sur la droite de l'atrium on voit le Laraire. Nombre des peintures

Le petit jardin suspendu de la Maison de Marcus Lucretius; ci-dessous: la fontaine au fond du péristyle de la Maison de l'Ours.

qui ornaient les murs sont maintenant à Naples; sur place nous voyons: dans l'atrium, des architectures imaginaires du IVe style; dans les chambres entourant l'atrium: petits tableaux mythologiques, divinités, petits amours; dans le tablinum: le triomphe de Bacchus suivi d'un Satyre et d'une Victoire. Dans l'aile de service, qui est à gauche, nous avons des réduits pour la cuisine, le four et les latrines. La partie intéressante est la vue du petit jardin suspendu qui fait comme une toile de fond à toute la maison; bien en évidence, il y a une gracieuse niche placée au-dessus de la vasque de marbre circulaire. Dans la verdure, parmi les fleurs, jouaient autrefois des satyres, de petits amours et des animaux de la forêt dont les petites statues ont été malheureusement récemment dérobées ou placées en lieu plus sûr.

60 La **MAISON DE L'OURS** (Reg. VII, J. II, n° 45), Via degli Augustali tire son nom de la mosaïque de l'entrée. Dans le fond se détache une très belle fontaine à mosaïques polychromes et coquillages; sur le bleu délicat de la mosaïque bleue ressortent des figures d'un travail exquis: Vénus nageant, des figures ailées, de petites têtes, et une quantité de poissons frétillants.
En face de la Maison de l'Ours se trouve la boutique d'un cordonnier (« sutor ») qui était peut-être le gardien (« ostiarius ») de la maison contiguë.

Peinture se trouvant dans le triclinium de la Maison de Siricus: Neptune et Apollon assistant à la construction des murs de Troie.

61 L'**Hôtellerie de Sittius** (J. I, n° 44-45) est située le long de la Ruelle du Lupanar, juste après la Maison de Mars et de Vénus. Bien qu'ayant deux entrées, cet « hospitium » devait être modeste étant donné que son triclinium ne pouvait accueillir que neuf personnes à peine.

Le **Lupanar** (J. XII, n° 18) est à l'angle, en face de l'hôtellerie. Le rez-de-chaussée, avec des « cellae meretriciae » presque privées de lumière, est rempli de peintures et de graffiti obscènes. On accédait aux chambres de l'étage par un escalier indépendant (n° 20) et par la galerie-passage qui avance au-dessus de la ruelle.

62 La **Maison au balcon suspendu** (J. XII, n° 28, dans la ruelle du même nom) est la maison où l'on a découvert le premier balcon à Pompéi. Puis vient l'**Hôtellerie du vicolo d'Eumachia** (n° 34-35), la plus caractéristique de celles que l'on a découvertes à ce jour, avec un grand atrium couvert, qui servait de salle à manger; sur les côtés, les chambres et la cuisine. Un petit passage mène à l'écurie. Ici aussi les murs sont couverts d'inscriptions qui rendent éternelles les pensées des clients d'une auberge d'il y a deux mille ans.

63 La **Maison de Siricus** (J. I, n° 25, 47). On la trouve en retournant Vicolo del Lupanare. Cette maison a aussi une entrée Via di Stabia parce qu'elle appartenait à deux frères: Siricus et Nummianus. Habitations de personnes aisées certainement; dans cette ruelle, il est inscrit à l'entrée « Salve lucrum » (bienvenue au gain) qui est le salut de bonne augure de la Pompéi des dernières années, entièrement portée à s'enrichir. Dans le triclinium, de belles représentations de: Neptune et Apollon devant la construction des murs de Troie; Omphale et Hercule enivré; Téthys dans la forge de Vulcain. Dans la maison côté Via di Stabia nous avons un bel atrium orné d'une table posée sur de très beaux pieds. Dans l' « oecus », figures de: Oreste et Pylade, Mars et Vénus, Diane et Endymion. Dans le triclinium: charmantes scènes avec de petits Amours.
Continuant par la Via di Stabia nous rencontrons des « tabernae » en tous genres parmi lesquelles se trouvent de modestes habitations. Au n° 10, la **Taberna Attiorum,** avec une pièce couverte en voûte décorée dans le IVe style et en parfait état de conservation.

64 Les **THERMES DE STABIES** ont leur entrée principale Via dell'Abbondanza à gauche du Carrefour. Ce sont les plus grands, les mieux conservés, et les plus anciens, car construits dès que les Romains eurent pénétré dans Pompéi. Tout l'ensemble gravite autour du grand péristyle trapézoïdal (on voit les colonnes de tuf de la période samnito-républicaine, couvertes d'une épaisse couche de peinture à l'époque impériale). La zone à l'est est destinée aux bains des hommes et pour une part minime à ceux des femmes, au milieu se trouve l'installation de chauffage. Le vestiaire des hommes est couvert par une voûte décorée de très beaux stucs de l'époque flavienne (petits amours, trophée et bacchantes). Dans la plus grande pièce nous voyons aussi les bancs de marbre et les niches pour ranger les vêtements. Toutes les autres pièces ont la forme typique déjà rencontrée dans les petits Thermes du Forum. La plus grande innovation de l'époque réside dans les installations de la Palestre. En effet, on pouvait y alterner la natation avec les exercices de gymnastique des diverses disciplines sportives. Sur les côtés du grand bassin, outre le vestiaire il y avait d'autres pièces pour pouvoir s'enduire d'huile et de sable (avant la lutte) et pour se décrasser de la sueur avec une sorte de racloir (« strigilis »). Dans le portique en face se trouve l'hermès de Mercure, dieu de la palestre. Sur le mur ouest restent de grandes traces de la riche décoration de stucs polychromes à architectures imaginaires et figures (on entrevoit: au- dessus de la porte, Jupiter avec son sceptre et son aigle; sur un pilier, Hercule er Satyre).
Dans le vaste renfoncement, la piscine à l'air libre de 13 mx8 environ, avec 1,50 m de profondeur. On voit encore sur les bords les canalisations de plomb qui amenaient l'eau. La section des femmes avait deux accès complètement indépendants; la vasque pour le bain froid était dans le vestiaire même. Entre les calidariums des deux sections se trouvait l'installation du chauffage, on y voit le four et les trois grandes chaudières cylindriques respectivement pour l'eau tiède, chaude et très chaude.

ENSEMBLE PLANIMETRIQUE DES THERMES DE STABIES

SERVICES DE LA PALESTRE. 1) Entrées réservées. 2) Lavabos de la piscine. 3) Bassin de natation. 4) Vestiaire de la piscine. 5) Locaux de service. 6) Entrée et bains privés. 7) Latrines.
SECTION DES HOMMES. 8) Entrée. 9) Salle d'attente. 10) Vestiaire. 11) " FRIGIDARIUM ". 12) " TEPIDARIUM ". 13) " CALIDARIUM ". 14) " LACONICUM " (pièce à températures élevées type du sauna actuel). 15) Entrée des services communs et fours pour l'eau et l'air à différentes températures.
SECTION DES FEMMES. 16) Entrées. 17) Vestiaire et vasque pour le bain froid. 18) " TEPIDARIUM ". 19) " CALIDARIUM ". 20) Promenoir.

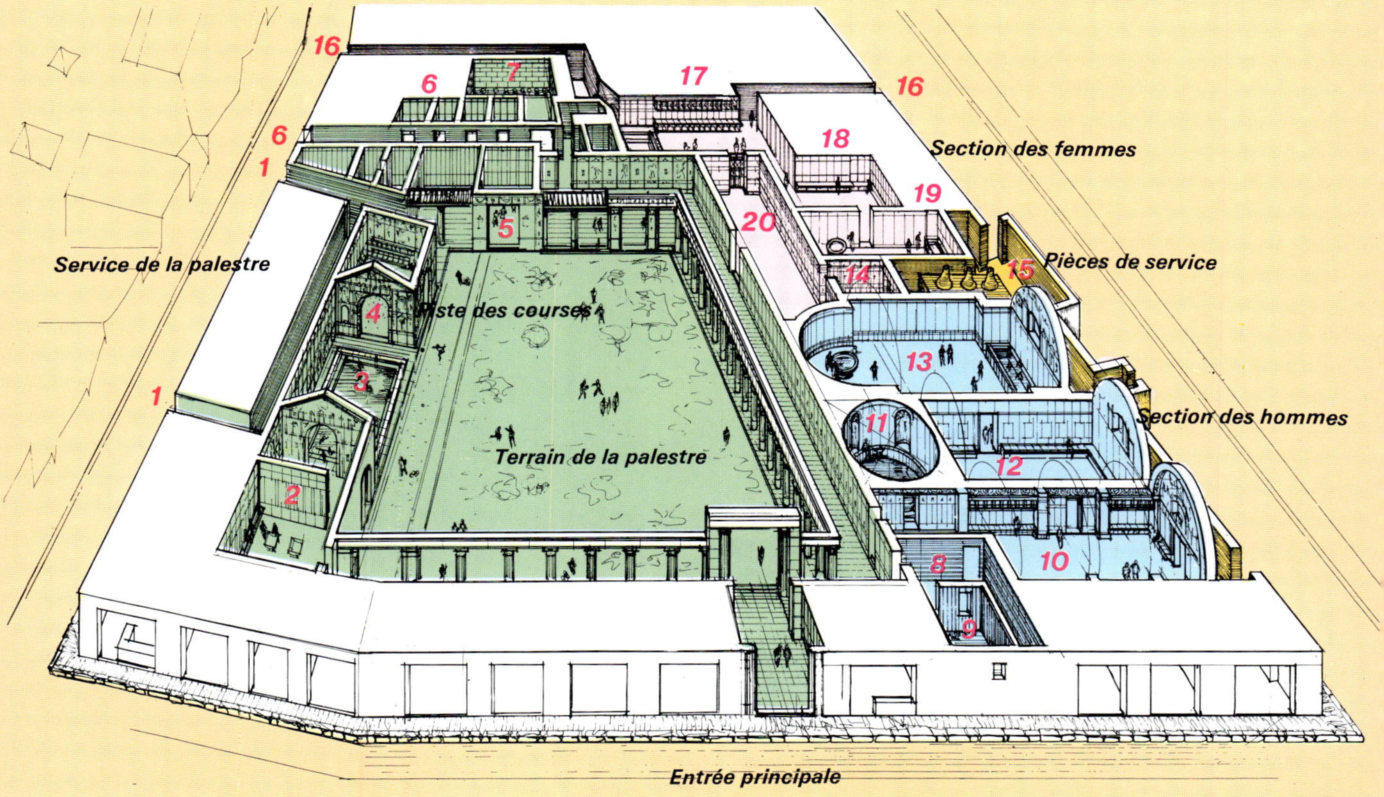

Thermes de Stabies. Ci-dessus: esplanade de la palestre en plein air; ci-dessous: détail du "frigidarium".

Thermes de Stabies. Ci-dessus: le vestiaire ("apodyterium") avec des banquettes et des niches pour les vêtements; ci-dessous: l'empreinte d'une victime de l'éruption de 79 ap. J.-C., dans une vitrine du vestiaire.

65 Le **Carrefour** formé par la **Via di Stabia** (« cardo maximus ») et la **Via dell'Abbondanza** (« decumanus maximus » inférieur) est le plus important de la ville. Côté est se trouve l'une des piles d'élévation d'eau, destinée à la distribution de l'eau dans la zone, et la fontaine publique. Dans la Via dell'Abbondanza, beaucoup plus large vers le Forum, il y a les restes des quatre piliers sur lesquels s'élevait l'arc à quatre ouvertures (« janus »); adossées aux piliers les statues honorifiques parmi lesquelles celles de M. Holconius Rufus qui, à l'époque romaine restaura et agrandit le Grand Théâtre.

66 La **Maison de M. Epidius Rufus** (J. I, n° 20) est à gauche du carrefour, Via dell'Abbondanza. En signe de distinction exceptionnelle, on accédait à la maison par un haut perron (1,50 m au-dessus de la rue) et la grande porte principale ne s'ouvrait que dans grandes occasions. L'atrium est l'un des plus grandioses de Pompéi, il a 16 colonnes (polystyles) hautes de 4,50 m. Sur les côtés de l'atrium deux pièces ayant à l'entrée des colonnes à chapiteaux corinthiens figurés. Le Laraire porte la dédicace de deux affranchis à leur patron et aux Lares de la maison: « Genio Marci et Laribus ». Dans le fond de l'atrium, on passe du tablinum au triclinium avec des traces d'intéressantes peintures: architectures imaginaires et plantes stylisées; scène de Mars défiant Apollon de jouer de la flûte devant les Muses.

Carrefour formé par la Via Stabia et la Via dell'Abbondanza.

67 La **Maison de Cornelius Rufus** (Reg. VIII, J. IV, n° 15), en face des Thermes, appartenait à la « gens Cornelia » depuis l'époque de Sylla. Le portrait du propriétaire, autrefois dans le tablinum, est maintenant dans l'Antiquarium. Les pieds de la table de marbre placée au bord de l'impluvium, sont superbes. A côté on voit la **Maison d'un barbier** (n° 12) puis la **Blanchisserie** d'un certain **Gelone** (n° 9).

68 La **Maison d'Holconius Rufus** (J. IV, n° 4) est à l'autre extrémité de l' « insula » en face des Thermes. C'était la demeure du tribun, duumvir, prêtre d'Auguste, patron de la colonie, dont la statue se trouvait à l'important carrefour voisin. Il y a encore sur les murs des traces des riches décorations (masque d'Océan, Silène avec Bacchus enfant). Dans certaines chambres on voit des figures de bacchantes et diverses scènes mythologiques. Le triclinium d'été possède aussi une fontaine et des peintures maintenant presque effacées. Dans la pièce de gauche on entrevoit: Oreste, Pylade et Iphigénie; dans celle de droite: Europe, Néréide sur un dauphin et une divinité.

69 Le **FORUM TRIANGULAIRE** est en arrière de la Maison d'Holconius. Ce Forum, qui tire son nom de la forme singulière du terrain limité disponible n'occupe que le tiers du second grand centre citadin de Pompéi.
L'entrée, qui est au nord, a son propre portique (propylée), avec six élégantes colonnes ioniques; sur les côtés de l'accès on voit deux consoles pour les lanternes de nuit. La place est entourée, sur deux côtés, par un portique de 95 colonnes doriques; sur le côté est, il communique avec la Palestre, le Grand Théâtre et, au moyen d'un grand escalier, avec le Quadriportique. Le socle qui se trouve devant le portique antérieur était destiné à Marcus Claudius Marcellus, patron de Pompéi et neveu préféré de l'empereur Auguste.
Le **Temple dorique,** qui occupe la zone côté sud, fut construit au IVe siècle av. J.-C. lorsque Pompéi était sous l'influence grecque du puissant Etat de Cumes. Il était consacré à Hercule, fondateur mythique de la cité, et par la suite s'y ajouta le culte de Minerve; il fut restauré plusieurs fois à l'époque samnite et presque abandonné à l'époque romaine. Il était très semblable aux temples contemporains de Paestum, il avait de robustes colonnes à larges cannelures, avec des chapiteaux à anneau large et très aplati, qui tournaient tout autour de la cella (périptère). Il y avait trente-deux colonnes, dont sept sur chaque façade courte (c'est-à-dire avec une colonne au centre). Presque tout l'édifice était en tuf, seules les colonnes, dont on voit encore quelques fragments étaient en calcaire de Sarno. Le soubassement (21 m x 28 environ), avec son étroit escalier au sud, est bien conservé.
Devant la façade principale du temple, c'est-à-dire celle qui est presque tournée vers l'est, il y a encore des vestiges du sanctuaire consacré à Hercule, avec deux autels sur la droite. Plus avant nous voyons les restes du puits sacré autrefois couvert par un petit temple circulaire, à huit colonnettes, construit par le Samnite N. Trebius. En arrière du temple, un siège semi-circulaire où placèrent un cadran solaire ces mêmes « duumvirs » qui en avaient posé un semblable devant le temple d'Apollon.

70 La **Palestre Samnite** fut construite par le « duumvir » Vibius Vinicius, pour les jeunes Samnites. Il y a un portique sur trois côtés avec des pièces de service côté ouest. On déposait sur la table les couronnes votives que les vainqueurs des épreuves offraient au dieu Mercure, protecteur des jeux sportifs.

Entrée monumentale (propylées) du Forum triangulaire.

71 Le **GRAND THÉATRE** fut installé dans la large courbe du terrain à la fin du IIIe siècle av. J.-C. A l'époque d'Auguste il fut agrandi et aménagé, selon les nouvelles nécessités, par l'architecte M. Artorius pour le compte des Holconii. De cette époque datent: la « crypte » avec la « summa cavea » c'est-à-dire la partie supérieure des places; les « tribunalia », c'est-à-dire les balcons, placés au-dessus des entrées latérales, réservés aux prêtresses et à ceux qui présidaient le spectacle. Ces places venaient s'ajouter à la « media cavea » de 15 gradins, divisée en 5 secteurs, et à l' « ima cavea », tout à fait en bas où étaient les places réservées aux plus hautes personnalités de la ville. Durant les dernières années, l' « orchestra », c'est-à-dire l'espace semi-circulaire devant la scène, était également occupée par les Pompéiens les plus importants et le théâtre contenait ainsi plus de 5000 personnes assises. Entre la scène et l'orchestra un dispositif permettait de maœuvrer le rideau au début des spectacles. Les deux larges entrées sur les côtés de la scène étaient destinées aux grandes manifestations théâtrales. La scène romaine (construite sur la scène de type grec qui consistait en une simple toile de fond avec deux avant-corps) représente une façade monumentale décorée de colonnes, corniches, tympans, statues et fontaines jaillissantes; aussi devait-elle ressembler beaucoup aux architectures imaginaires que nous avons vues peintes avec le IVe style. Toute la grande cavea était protégée du soleil et de la pluie par une grande toile (« velarium ») soutenue par des pieux, placés dans les anneaux que l'on voit encore au dos de la « summa cavea ». Le théâtre est en grosse pierre et la scène en brique.

La cavea et la scène du Grand Théâtre, telles qu'elles apparaissent aujourd'hui.

La scène du Grand Théâtre telle qu'elle était au Ier siècle ap. J.-C. Remarquer la toile ("velarium") tendue au-dessus du théâtre pour protéger les spectateurs du soleil et de la pluie. La grande scène fixe semble concrétiser les architectures imaginaires peintes du IVe style pompéien.

Vue aérienne de la zone du Forum Triangulaire et des théâtres.

RECONSTITUTION DE LA ZONE DU FORUM TRIANGULAIRE ET DES THEATRES

A droite nous voyons, d'en haut, l'ensemble du Forum Triangulaire et des théâtres, tels qu'ils étaient au début du Ier siècle ap. J.-C. Sur la gauche de la reconstitution, le Forum Triangulaire domine avec le temple grec du VIe siècle av. J.-C. Devant le temple, dédié à Hercule, se trouvent une petite enceinte avec une cella et une citerne sacrée, couverte d'un petit temple rond ("tholos") avec huit colonnettes. En haut, nous voyons: la modeste et antique palestre samnite; le petit temple des Mystères d'Isis; le petit temple de Jupiter Meilichios. Au milieu de la reconstitution émerge le Grand Théâtre, que couronnent de nombreux piquets destinés à tendre la toile de protection. En bas nous voyons la masse cubique du Petit Théâtre couvert de façon stable d'un toit pyramidal. On pouvait accéder aux théâtres: par le Forum, au moyen d'une longue suite de degrés; par la Via di Stabia par de longues galeries ou par des accès directs de la rue. Devant les théâtres s'étend le vaste Quadriportique autrefois à la disposition des spectateurs puis agrandi par Néron, avec des chambres et des pièces de service sur deux étages pour recevoir les gladiateurs de l'Amphithéâtre.

Le Petit Théâtre: en haut, la "cavea" et la scène. En bas: détail du "Télamon" en tuf sculpté qui termine le parapet.

72 Le **PETIT THÉATRE** est un des plus parfaits exemples de théâtres couverts (« theatrum tectum ») c'est-à-dire d'un « Odéon » qui était destiné anciennement à la musique et aux déclamations mimées. Il fut construit en 80 av. J.-C. par les duumvirs C. Quinctius Valgus et M. Porcius. La « summa cavea » et la « media cavea » avaient en tout dix-sept gradins en tuf. Un parapet élevé, dont il reste un petit morceau dans la zone de gauche, séparait les quatre gradins de l'« ima cavea » de la partie supérieure; aux extrémités inférieures de la « media cavea », deux statues en tuf (télamons) soutenaient des consoles. Les places des décurions se distinguaient par des côtés constitués par des pattes de lion ailées. Le grand cube de maçonnerie qui coupe à l'extrémité une grande partie des gradins de la cavea, soutenait une audacieuse toiture de forme pyramidale à l'extérieur et probablement doublée d'un plafond à l'intérieur.

73 Le **Quadriportique** des théâtres, qui se trouve derrière la grande scène, était à l'origine la place à portiques (« porticus post scaenam ») où le public discutait des spectacles avant et durant les entractes. A l'époque néronienne il fut transformé en caserne pour les gladiateurs qui, toujours plus nombreux, étaient engagés pour le « ludus gladiatorus », dans l'amphithéâtre. Les pièces couraient tout autour sur deux étages; à l'est il y avait le réfectoire et la cuisine. Dans cette caserne furent trouvées de très belles armes, maintenant à Naples.

En haut: promenoirs du Petit Théâtre. En bas: le grand Quadriportique des gladiateurs.

Etat actuel du Temple d'Isis et de son enceinte sacrée.

74 Le **TEMPLE D'ISIS** est à côté de la palestre samnite, avec une entrée par la rue du même nom. Il était destiné au culte ésotérique de la déesse de la triade égyptienne, culte en train de se répandre dans l'empire romain. Après sa destruction durant le tremblement de terre de 62, il fut reconstruit au nom de N. Popidius Celsinus élu décurion malgré son jeune âge de six ans! Les hauts murs qui enferment l'aire sacrée servaient à bien cacher les mystères sacrés qui se déroulaient à l'intérieur. Le temple, orienté à l'est, s'élevait sur une haute plate-forme, dominant entièrement le petit espace autour; il avait un atrium à six colonnes (deux sur les côtés et quatre en façade); dans la cella, courte et très ouverte, étaient rangés les instruments sacrés et les symboles du culte d'Isis. Sur les côtés de la cella font saillie les architectures de deux niches pour des statues ou des effigies de la déesse. A côté de l'escalier se trouve l'autel principal; au nord, un autre autel qui contenait les restes du sacrifice. Derrière le temple il y a la salle où se réunissaient les initiés. Sur le côté sud, les petites pièces des prêtres; à l'angle, un petit temple décoré de stucs donne sur une galerie qui mène à la citerne qui, autrefois, contenait de l'eau sacrée du Nil. Ainsi dépouillé de ses peintures, de ses statues et de ses effigies d'autrefois, l'ensemble nous donne un sentiment plus profond de mélancolie et de mystère.

75 Le **Temple de Jupiter Meilichios** se trouve Via di Stabia. Il était d'origine pré-romaine, destiné au culte de « Zeus Meilichios » importé de la Sicile grecque. Six colonnes dans le pronaos, comme dans celui d'Isis, mais avec une cella plus profonde, entièrement en tuf. En tuf également est le grand et intéressant autel devant l'escalier. Après le tremblement de terre, qui détruisit le temple de Jupiter, celui-ci fut provisoirement aménagé pour accueillir la triade capitoline, et on y a en effet trouvé deux grandes statues en terre cuite de Jupiter et de Junon, avec le buste de Minerve (Musée National de Naples).

Le Temple d'Isis avec l'enceinte sacrée et le petit temple de l'Eau sacrée du Nil, à droite, tels qu'ils étaient il y a deux mille ans.

76 La **Porte di Stabia** se présente au bout de la Via di Stabia, peu après le Théâtre couvert. Elle a encore les grands blocs de pierre calcaire de l'époque samnite. Les profonds sillons révèlent un trafic intense sur cette voie importante qui reliait le coeur de Pompéi avec le port, les villages (« pagi ») les plus riches et les principales petites villes au sud du grand golf. A l'extérieur nous avons une autre **Nécropole** et l'on y remarque deux tombes avec le caractéristique banc en demi-cercle (« scholae »): la première est celle de Marcus Tullius qui fit construire le Temple de la Fortuna Augustea; la seconde est celle du duumvir M. Alleius Minius.

77 La **Maison du Cithariste** (J. IV, n° 5) se trouve près de la Via dell'Abbondanza en remontant la Via di Stabia. C'est une des plus vastes habitations patriciennes, elle provient de l'union de deux résidences déjà spacieuses. Elle a trois péristyles à plusieurs étages et, dans le péristyle central on a trouvé la très belle statue en bronze de l'Apollon Citharède, maintenant à Naples. Toujours à Naples on a transporté les nombreuses peintures qui ornaient les murs. Sur place il ne reste en effet que de pâles traces de ce qui fut probablement une des plus riches maisons de Pompéi. Il est intéressant d'en voir l'organisation architecturale et la salle de bains du premier atrium, avec un tepidarium et un calidarium fonctionnant au moyen du four de la cuisine voisine.

En continuant et en tournant à l'ouest dans la Via dell'Abbondanza, on entre dans la zone des nouvelles fouilles (commencées en 1911) où des équipes exceptionnelles et pleines d'expérience rénovent et perfectionnent continuellement des méthodes qui deviennent des exemples inégalables dans la technique des fouilles et rendent constamment possible le miracle de faire revivre ce qui s'est conservé sous les cendres pendant dix-neuf siècles. Pour cette raison, l'ensemble de cette zone, même s'il a été détruit par les bombardements de 1943 et par les outrages du temps (et ceux des visiteurs) nous apparaît bien différent de ce que nous avons vu jusqu'ici. Au charme des intérieurs s'ajoute celui, particulier, des maisons qui s'offrent à nous comme un récit évocateur ininterrompu, dans la Via dell'Abbondanza. Nous en tenant aussi à l'état des travaux, nous pensons opportun de présenter séparément la vision de la rue, avec ses maisons, et celle de ses édifices les plus intéressants qui se trouvent dans les environs.

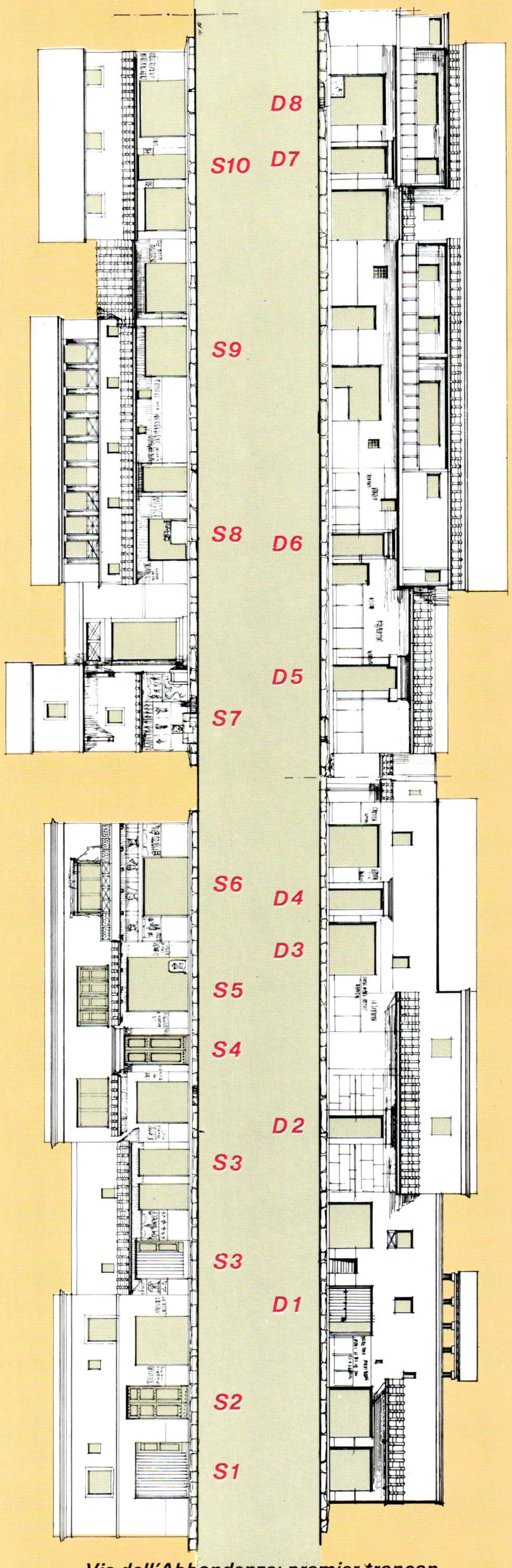

Via dell'Abbondanza: premier tronçon

LA VIA DELL'ABBONDANZA

Les graphiques longitudinaux de ces pages et des pages 98 et 99 sont les reconstitutions des façades sur la rue dans les parties amenées au jour par les dernières fouilles. En les reliant aux reconstitutions des pages 97 et 109 nous pouvons nous former une image complète d'une des principales rues de Pompéi, pleine de vie aussi grâce à la couleur des inscriptions et des petits tableaux qui tapissaient la façade des maisons et à la variété pleine d'esprit des volumes, des balcons, des loggias et des toits avançant sur la rue. Il n 'en est pas resté grand-chose, mais nombreux sont les éléments qui rendent valables les reconstitutions grâce aux fouilles, toujours plus parfaites depuis le début du XXe siècle.
Le chiffres reportés sur les graphiques signalent les choses d'intérêt majeur à gauche (S) et à droite (D) de la rue; dans le texte suivent également les indications et les numéros marqués sur les monuments.

PREMIER TRONÇON

Région IX. Insula VII. - S. 1 (n° 10) "Taberna" avec empreinte de la fermeture en bois (il y avait des fermetures semblables dans toutes les boutiques, et elles consistaient en une porte normale à pivot suivie d'une large fermeture faite de barres verticales, coulissantes, le tout serré par un large verrou). S. 2 (n° 9) Maison de Popidius Montanus, avec un étage supérieur réservé au cercle des "latrunculari", les joueurs d'échecs de l'époque. A l'extérieur des inscriptions électorales. S. 3 (n° 7-5) Atelier de M. Vecilius Verecondus pour la production et la confection de vêtements de laine et pour le travail du feutre ("coactilia"). Sur les côtés de la porte n° 7: Mercure sortant d'un petit temple avec un petit sac contenant de l'argent; Vénus Pompéienne sur un quadrige d'éléphants, escortée de petits amours et de Lares; en dessous, les opérations de tissage, de teinture et de vente des confetions. S. 4 (n° 4) Maison des Sittii avec le moulage du portail. Les grandes portes des habitations elles aussi étaient semblables entre elles: deux grands panneaux avec un cadre en forme de croix souvent garni de clous de bronze. S. 6 (n°1) "Taberna" des Quatre divinités peintes sur l'architrave: Apollon-Soleil, Jupiter, Mercure, Diane-Lune. A gauche de la porte: Vénus pompéienne parmi de petits amours; à droite: traces d'une procession religieuse et niche pour un Bacchus barbu.
Région I. Insula VII. - D. 1 (n° 7) Fullonica Stephani. Empreinte du long verrou avec serrure (pour l 'intérieur v. p. 100). D. 2 (n° 4) Maison du Laraire (v. p. 101). D. 3 (n ° 3) Magasin de Verrus "faber aerarius" c'est-à-dire fabricant et marchand d'objets en bronze et d'instruments techniques, parmi lesquels fut trouvée la "groma", (équerre d'arpenteur, maintenant au musée). D. 4 (n° 2) Maison du Cryptoportique (v. p. 101).
Région IX. Insula XI. - S. 7 Tabernacle public ("compitum") avec douze divinités protectrices du lieu

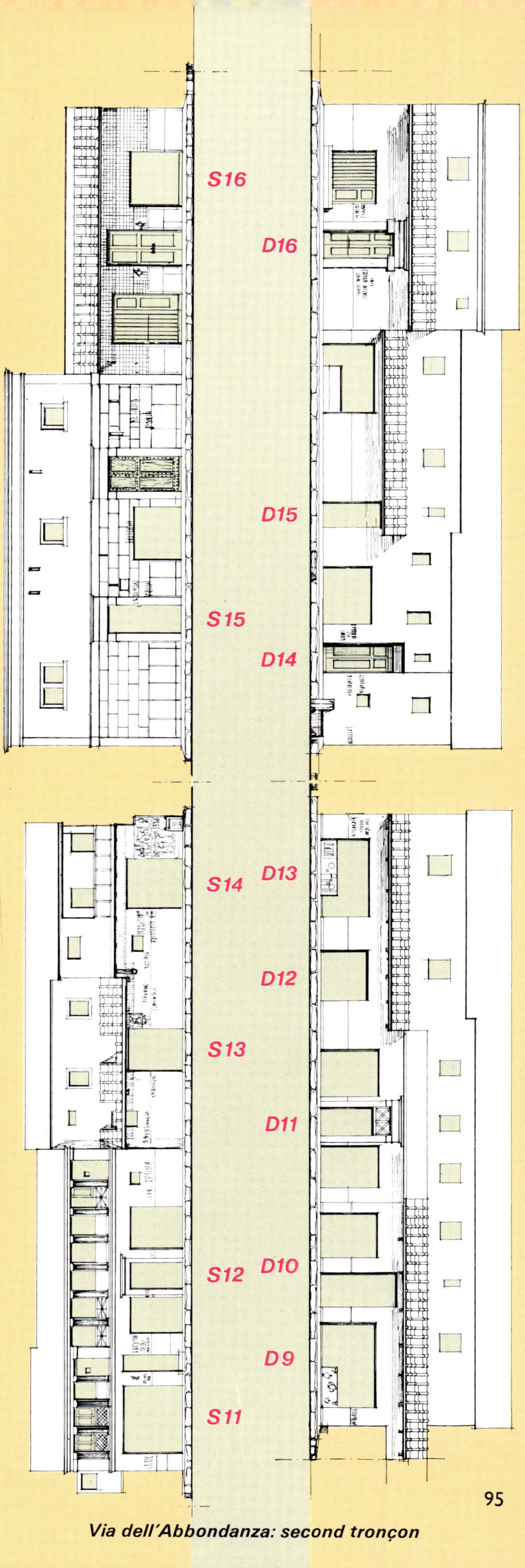

Via dell'Abbondanza: second tronçon

REG·IX·INS·XI

Page précédente: un tronçon de la Via dell'Abbondanza, en premier plan le tabernacle des douze divinités protectrices du lieu (en haut); l'intérieur du Thermopolium d'Asellina avec le comptoir pour le débit de boissons et le laraire sur la paroi du fond.

La Via dell'Abbondanza telle qu'elle était dans le tronçon entre la "Taberna" des Quatre Divinités et la "Taberna" avec l'enseigne des vases (v. p. 82 entre S. 6 et S. 9). A gauche, sous le grand balcon à pergola, on voit les têtes peintes des quatre dieux tutélaires. Au centre se trouve le tabernacle consacré aux douze divinités protectrices de la zone. Après la somptueuse entrée d'une habitation vient le Thermopolium d'Asellina et, au fond à droite, l'hôtellerie avec l'enseigne des vases en métal pour le vins de choix.

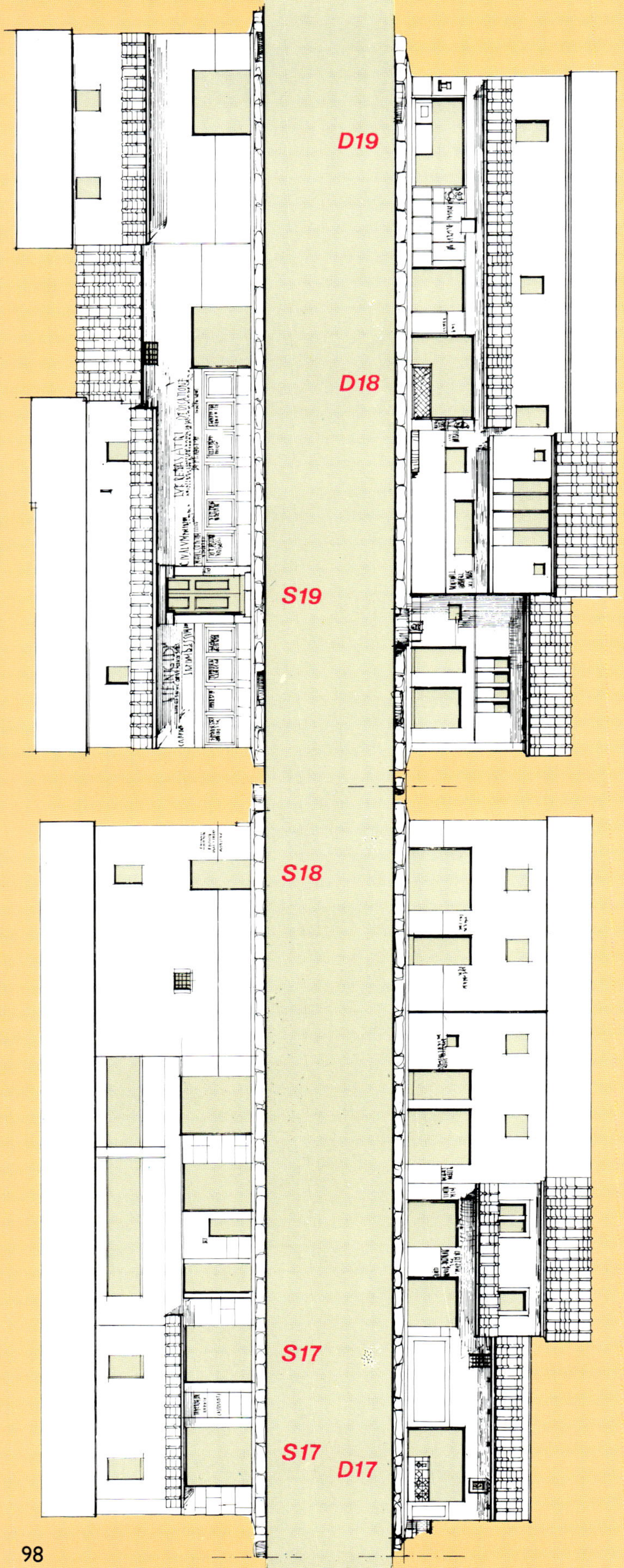

Via dell'Abbondanza: troisième tronçon

peintes. S. 8 (n° 2) Thermopolium d'Asellina pour le débit de boissons chaudes. On le trouva encore garni de ses objets usuels, lanternes, livres de comptes, et la bouilloire encore hermétiquement close. Ecrits sur le crépi, les noms exotiques d'Aegle, Maria, Smyrna et Asellina, filles également disponibles à l'étage supérieur. S. 9 (n° 4). "Taberna" avec, peinte, l'enseigne consistant en grands récipients métalliques pleins de vin. S. 10 (n° 7) Traces de peintures avec Minerve sacrifiant.
Région I, Insula VII. - D. 5 (n° 1) Maison de Paquius Proculus (v. p. 103). D'après ce qui est écrit sur les murs, il résulte que c'était le citoyen politiquement le plus important du quartier. D. 6 (n° 2-3) Maison de Fabius Amandius (v. p. 104). D. 7 (n° 7) Maison du Prêtre Amandus (v. p. 105). D. 8 (n° 8) Thermopolium.

SECOND TRONÇON

Région IX. Insula XII. - S. 11 (n° 2) Maison du Premier Cénacle (galerie à l'étage supérieur). S. 12 (n° 3-5) Maison du Second Cénacle (galerie à l'étage supérieur avec colonnettes et piliers de tuf) et ateliers de textile ("Textrinae"). S. 13 (n° 6) "Taberna" de Crescens. A droite, peinture de Mercure phallique. S. 14 (n° 7) Maison de C. Maximus. A l'angle de la ruelle, "compitum" avec, peint, le "Genio Augusti".
Région I. Insula XIII. - D. 9 (n° 1) "Taberna pomaria" pour la vente des fruits. Comptoir peint de motifs bachiques. D. 10 (n° 2-3) Maison et "Taberna" de Stephanus. D. 11 (n° 5) Maison où fut trouvée une statuette indienne attestant le commerce avec Alexandrie d'Egypte et l'Inde. D. 12 (n° 7) Maison et four de Betutius Justus. D. 13 (n° 8) "Taberna" avec trois comptoirs de vente et un laraire avec, peints, Mercure et Bacchus entre le Génie du lieu et les Lares.
Région IX. Insula XIII. - S. 15 (n° 1-3) Maison de C. Julius Polybius. Façade samnite à bossage parfait, ornée de beaux portails et d'une corniche. S. 16 (n° 4-5-6) Maison et teinturerie de Fabius Ulutremulus. Façade en échiquier polychrome. Sur les côtés de la porte n° 5 traces de petits tableaux: Enée s'enfuyant de Troie; Romulus avec le trophée d'Acron. A droite du n° 4, poésie triste et prophétique qui commence ainsi: "nihil durare potest tempore perpetuo"... (rien ne dure éternellement...).
Région I. Insula IX. - D. 14 (n° 1) Maison du Bel "Impluvium" (v. p. 106). Empreinte de la porte (on accède par la taberna n° 2) et "prothyron" peint à fresque avec six divinités protectrices: Vénus, Minerve, Junon, Bacchus, Hercule, Mercure. D. 15 (n° 3) Maison de Successus. (v. p. 106). D. 16 (n° 5) Maison du Verger (v. p. 106). Actuellement on y accède par le n° 6.

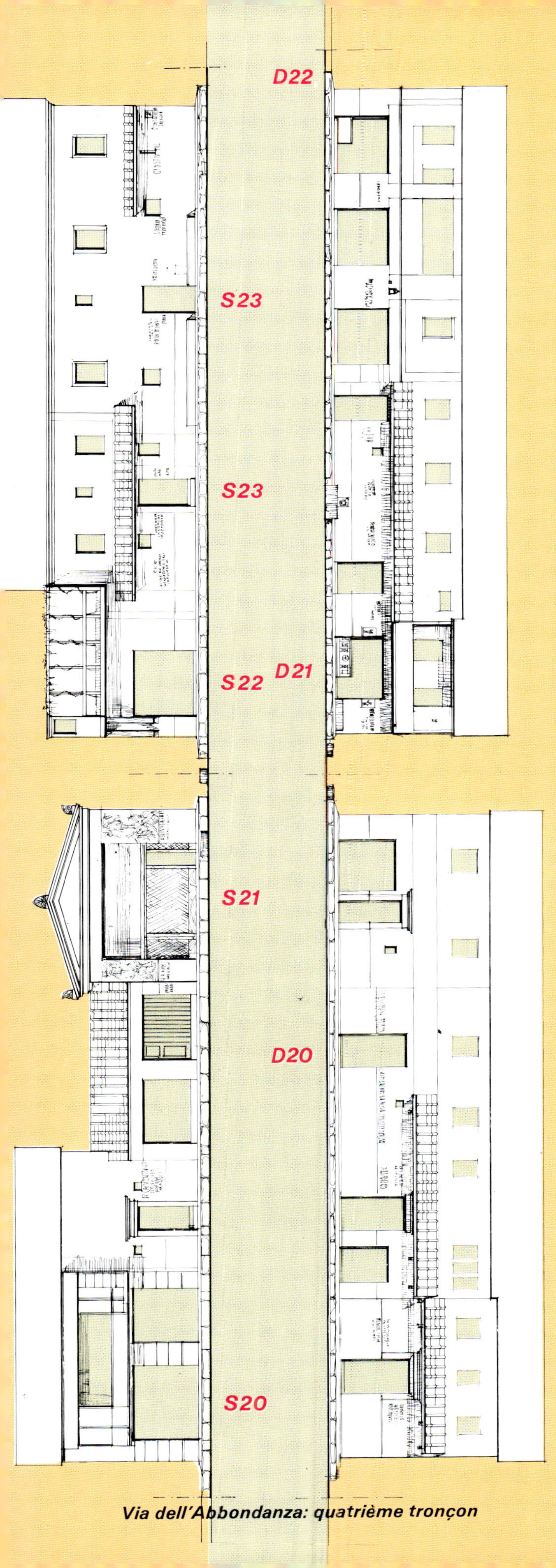

Via dell'Abbondanza: quatrième tronçon

TROISIEME TRONÇON

Région III. Insula I. - S. 17(n° 1-2) "Tabernae" avec le nom écrit de Cassii Calpurni. S. 18 (n° 6) "Taberna" avec le nom écrit de Predicius Cornelius.
Région I. Insula XI. - D. 17 (n° 1) "Caupona" hôtellerie rendez-vous des ouvriers en nattes et vêtements de dessus, etc. ("Tegettari"). Sur l'architrave: édicule avec des dieux protecteurs (Pénates). Comptoir à petits carreaux de marbre polychromes. A l'angle, dans la ruelle, nous trouvons un autel public, et, peint, le serpent "Agathodémon".
Région III. Insula II. - S. 19 (n° 1) Maison d'Aulus Trebius Valens (v. p. 106). La façade originale, détruite par le bombardement de 1943, était recouverte d'inscriptions; dans certaines, Trebius recommandait des candidats aux élections municipales, dans d'autres on annonçait des spectacles avec les noms des couples de gladiateurs luttant en duel et l'on disait que l'Amphithéâtre serait recouvert du grand "velarium".
Région I. Insula XII. - D. 18 (n° 3) "Caupona" de Sotericus (v. p. 107). A droite, l'enseigne de "Roma". D. 19 (n° 5) "Taberna". A droite l'enseigne de l'"Africa".

QUATRIEME TRONÇON

Région III. Insula III. - S. 20 (n° 1) Atelier des ouvriers en nattes, vêtements de dessus, etc. ("tegettari"). S. 21 (n° 6) "Schola Armaturarum" (v. p. 107). La façade extérieure, à demi détruite par le bombardement de 1943, avait pour singularité une grande ouverture avec une sorte de grille jusqu'à moitié (fidèlement reconstituée) et un fronton triangulaire au sommet. Sur les côtés du portail deux grands trophées romains des Giulii (il est resté une partie de celui de gauche).
Région I. Insula XIII. - D. 20 (n° 4) "Sutoria Primigenia" (fabricant de chaussures).
Région III. Insula IV. - S. 22 (n° 1) "Taberna" poterie de Zosimus, rendez-vous des habitants du quartier de la porte "Urbulana". La ruelle à gauche (vicolo di Ifigenia) est en cours de fouilles pour relier la zone à la Porte Nola. Dans cette ruelles se trouve l'entrée de la Maison de Pinarius Cerialis (v. p. 107). S. 23 (n ° 2-3) Maison de T. Arrius Polites (ou Maison du Moraliste; v. p. 107) et Maison de M. Epidius Hymaenaeus. A l'insula IV fait suite une ruelle avec des inscriptions des propriétaires qui invoquaient les foudres de Jupiter sur ceux qui souillaient les murs et le trottoir.
Région II. Insula 1. D. 21 (n° 1) "Caupona" d'Hermès avec un comptoir peint. Aux numéros 4, 5, 6, trois grandes "tabernae". D. 22. A l'angle de la ruelle un "Castellum aquae" ayant encore son réservoir en plomb pour l'eau et, en bas, les valves pour régler l'arrivée du remplissage et l'alimentation. Puis viennent les "insulae" de la première Région, avec trois grandes maisons et, enfin, le Forum Boarium.
Avec la porte Sarno (l'antique Porta Urbulana) se termine la grande et importante Via dell'Abbondanza qui coupe longitudinalement toute la ville sur plus d'un kilomètre.

78 La **FULLONICA STEPHANI** (Reg. I, J. VI, nº 7). C'est une blanchisserie parmi les plus grandes trouvées jusque là, et le ennième clair exemple de maison d'habitation transformée en atelier. Sur le graphique au-dessous est reconstitué le cycle qui se déroulait à la blanchisserie Stephani (comme dans toutes les autres) au point de vue du travail et à celui du commerce, au milieu du Ier siècle ap. J.-C. Le travail de lavage du linge sale se faisait au fond de la blanchisserie, à l'exception des choses délicates que l'on traitait dans le vieil atrium et plus précisément dans l'« impluvium » transformé en lavoir et outillé pour ses nouvelles fonctions (v. centre-gauche). Le linge ayant des taches plus résistantes était littéralement foulé par des ouvriers, dans trois vasques ovoïdes (« saltus fullonici »); puis avec l'autre, dans des vasques plus grandes (v. extrême droite) il était graduellement et soigneusement nettoyé. Pour blanchir le linge on utilisait les vapeurs de soufre et des ingrédients spéciaux mis dans l'eau. La teinture éventuelle s'effectuait dans des récipients spéciaux. La patronne, du nom de Specle, autrement dit Speranzella, surveillait au milieu de ce qui était le secteur le plus important du travail.
On étendait le linge au soleil sur les terrasses de l'étage supérieur (v. à droite en haut). A côté des vasques (v. à droite en bas) il y avait l'office-cuisine et les latrines pour les serviteurs. Au centre, tout ce secteur était égayé par un petit jardin à l'air libre. Dans la pièce qui était autrefois le triclinium de la maison (v. au centre) le linge lavé était trié et passé, par un guichet intérieur, dans l'ancien « oecus » de l'atrium pour être repassé et raccommodé. Les tuniques et les toges étaient serrées dans une presse ou « thorcular ».
Dans l'« oecus » même (v. à gauche, au-dessus de l'« impluvium ») les étoffes étaient remises ou, pour celles que fabriquait la maison, montrées et vendues, à la clientèle. A droite du vestibule il y avait le bureau de contrôle-caisse de l'affaire, tenu probablement par le propriétaire même: Stephanus. Dans la pièce voisine de la presse, l'esclave-chef surveillait ouvriers et clients. A l'étage supérieur se trouvait l'habitation des propriétaires.

Ci-dessus: une pièce à l'intérieur de la Fullonica Stephani (blanchisserie); ci-contre: peintures et stucs dans l'"oecus" de la Maison du Cryptoportique.

79 Dans la **Maison du Laraire** (J. VI, n° 4) on était en train de rénover les décorations au moment de la tragédie (on en voit encore les matériaux préparés). La frise est extrêmement intéressante, avec ses reliefs blancs sur fond bleu, à la petite voûte du Laraire (à droite du Tablinum); cette frise illustre, en scènes ininterrompues, le dernier chant de l'Iliade: Hector s'en allant, Hector qui affronte Achille, puis est traîné, mort, sous les murs de Troie; Priam rachetant le corps de son fils et l'emportant à Troie. Dans la salle à l'est du péristyle, dite des Eléphants, nous voyons un beau pavement en mosaïque et les traces d'une grande peinture du IIe style.

80 La **MAISON DU CRYPTOPORTIQUE** (J. VI, n° 2) appartenait à la famille Valerius Rufus. Dans les dernières années elle avait été séparée en deux et le nouveau propriétaire, plus sensible aux charmes du commerce qu'à ceux de l'art, était en train de procéder à des travaux d'aménagement en magasin. L'étage supérieur a deux entrées et deux atriums, et là, le plus grand est celui de gauche sans colonnes; tout cet étage est presque dépourvu de décorations. La partie la plus intéressante, que l'on rejoint en descendant le petit escalier à côté du péristyle est le Crypto-

Maison de Ceius Secundus: atrium et scène de chasse peinte sur le mur du fond du petit jardin.

portique: à gauche il y a tous les éléments pour le bain (four, calidarium, tepidarium, frigidarium) et, au fond, la salle à manger-séjour. Observer avec attention les traces restantes de stucs et de peintures afin de se rendre compte de ce que devait être cette admirable galerie, où, il y a deux mille ans, se déroulait sur les parois une théorie ininterrompue d'hermès-cariatides (masculins et féminins) en marbre jaune antique, semblables aux piliers d'un portique surmonté d'une voûte richement décorée d'arcs et d'innombrables panneaux de stucs polychromes. Une vague continue de guirlandes vertes courait d'un pilier à l'autre. Le mur du fond, en panneaux rouge sombre, était surmonté d'une frise ininterrompue de scènes de l'Iliade. Dans la salle à manger-séjour (« oecus tricliniaris ») les peintures sont encore bien visibles. Le motif architectural reprend: les hermès-cariatides s'animent jusqu'à moitié buste et soutiennent, semblables à des piliers de porphyre rouge, la magnifique corniche (qui n'est plus interrompue par les fenêtres comme dans le cryptoportique) enrichie par les consoles en relief représentant des taureaux (aujourd'hui très abîmés). Entre une cariatide et l'autre, au sommet du mur peint en jaune vif, de petites fenêtres s'ouvrant sur de délicieux petits tableaux sont dessinées; parmi les premiers nous découvrons des coqs, des corbeilles de fruits, et, à gauche, le plus beau de tous, qui représente les Noces d'Ariane.

81 La **Maison de L. Ceius Secundus** ou Maison de Fabia et Tiranus (J. VI, n° 15) est l'une des plus petites mais des plus délicieuses demeures de Pompéi. La façade est encore intacte avec: les stucs imitant des revêtements de marbre; l'auvent de protection; les inscriptions murales et l'empreinte de la grande porte à deux battants avec une barre de sécurité. On voit à l'intérieur le gracieux atrium, avec quatre colonnes de stuc peintes; dans le fond un balcon intérieur de passage vers l'étage supérieur; à gauche on note encore l'empreinte de l'armoire qui y était. Un peu partout de charmantes et intéressantes peintures; sur les murs de fond du jardinet il y a une seule grande peinture avec des scènes nilotiques et des scènes de chasse encadrées de riches décorations figurées.
Au n° 11 se trouve, peut-être à l'origine, la **Maison de P. Casca Longus,** l'un des conjurés qui assassinèrent César; les scènes théâtrales comiques et tragiques peintes dans l'atrium sont intéressantes.

82 La **MAISON DE MENANDRE** (J. X, n° 4) est une grande et riche habitation en face de celle de Fabia. Elle appartenait à « Quintus Poppaeus », autre consanguin de la seconde épouse de Néron: Poppéa Sabina. Elle se compose de la véritable maison, au centre; à droite du péristyle, le groupe cuisine-salle de bains; à gauche du péristyle, le grand triclinium avec « oeci ». Derrière le triclinium les pièces des domestiques et, en haut, l'écurie avec une cour, les pièces de service et autour des boutiques. A côté du triclinium l'appartement de l'administrateur (« procurator »). Dans l'atrium: des traces d'une peinture du IVe style de va-

Maison de Ménandre: le péristyle.

leur, avec des scènes de chasse et des paysages; à l'angle, un beau petit temple laraire. Dans la pièce qui s'ouvre à gauche de l'atrium (« exedra »), trois scènes de la prise de Troie: Mort de Laocoon et de ses enfants; le Cheval de Troie et Cassandre; Ménélas et Hélène, Cassandre et Ajax. Les décorations des pièces donnant sur le péristyle sont remarquables, citons: la frise des murs, avec des Centaures et des Lapithes; la mosaïque du pavement avec des scènes nilotiques. Les niches de la paroi de fond du péristyle sont pleines de décorations; remarquer la figure de Ménandre (poète grec presque aussi célèbre que Homère dans le monde antique) assis avec un « volumen » à gauche. Il faut aussi remarquer: les masques de théâtre, les scènes de chasse avec Diane et Actéon; le petit temple champêtre avec Vénus. Dans la dernière niche semi-circulaire est construit un petit sanctuaire pour le culte des bustes des ancêtres (« imagines majorum »). A droite du péristyle, les stucs peints et les mosaïques du « calidarium » sont aussi remarquables. En 1930, on a trouvé dans les sous-sols 114 objets en argent et de nombreuses monnaies précieuses.

83 La **MAISON DES AMANTS** (J. X, n° 11) dans la même « insula » que celle de Ménandre, est une autre petite mais ravissante demeure encore bien conservée. Les charmantes peintures de l'atrium sont remarquables, ainsi que la double suite de colonnes du petit portique intérieur, sur lequel donnent aussi les pièces du dessus. Tout respire encore une douce intimité et ce sont peut-être les jeunes époux qui y faisaient leur nid qui écrivirent sur l'un des petits tableaux du portique: « amantes ut apes vitam mellitam exigunt » (les amants, comme les abeilles, rendent la vie douce comme le miel). Dans le même ilôt, il y a deux autres petites résidences dans lesquelles on peut remarquer: au n° 7, une belle table dans l'atrium et la peinture avec Dédale et Icare; au n° 8, la caractéristique peinture représentant un jardin qui pointe audessus de la haute plinthe.

84 La **MAISON DE PAQUIUS PROCULUS** ou de Cuspius Pansa (J. VII, n° 1). On la trouve en retournant Via dell'Abbondanza et exactement dans l' « insula » juste après celle du Cryptoportique. C'est une petite « domus » avec un grand péristyle. On voit encore le beau pavement en mosaïque qui s'étend de l'entrée au tablinum; on remarque encore, dans le vestibule la figure du chien, attaché au battant de la porte entrouverte, qui barre l'entrée de la maison. Dans l'atrium on voit un grand tapis en mosaïque, avec des panneaux à animaux, deux médaillons avec des bustes, et le dessin d'une colonnade à arcs autour de l' « impluvium »; enfin, dans le triclinium, au milieu, une

Ci-dessus, à gauche: le portrait de Paquius Proculus et de sa femme, aujourd'hui au Musée National de Naples.

Maison du Sacerdos (prêtre) Amandus. Ci-dessus: le Vol d'Icare; ci-contre: Persée libérant Andromède. Les deux oeuvres se trouvent dans le triclinium.

scène nilotique: des nains en barque et des animaux. Le jardin était aménagé pour le repas dehors; au-dessus du portique, à l'étage supérieur, se trouvait une loggia. On a trouvé dans cette maison le portrait, célèbre pour son exceptionnelle vivacité, de Paquius Proculus et de sa femme, maintenant au Musée National de Naples.
Puis vient la **Maison de Fabius Amandio** (J. VII, nº 2-3), une modeste mais convenable habitation avec des solutions ingénieuses pour rendre habitable le peu d'espace disponible sur deux étages.

Maison de Cornelius Tegeatus (ou de l'Ephèbe): le triclinium à ciel ouvert.

85 La **Maison du Prêtre Amandus** (J. VII, n° 7) possède une intéressante série de petits tableaux dans le triclinium (à droite de l'atrium). Les peintures sont du IIIe style et les tableaux représentent, de droite à gauche: Polyphème berger; Galatée et le navire d'Ulysse; Persée libérant Andromède et Persée dans le royaume de Céphée; Hercule dans le jardin des Hespérides; le vol de Dédale et Icare; la chute d'Icare. Autrefois le péristyle était à l'ombre d'un arbre dont l'empreinte des racines est restée.

86 La **MAISON DE L'EPHEBE** ou de Cornelius Tegeatus (J. VII, n° 11-12) est encore le cas d'un marchand enrichi dans les dernières années. A droite de l'entrée s'étend l'appartement privé; à remarquer: le Laraire; la chambre à murs noirs, pour deux lits (« biclinare »), avec une antichambre; la loggia de l'étage supérieur. A gauche se trouve la partie destinée au séjour et aux réceptions; le long du passage qui mène au jardin il y a une belle salle avec une mosaïque et une décoration de poissons frétillants; le triclinium qui se trouve à droite a un pavement avec de très fins dessins de marbres polychromes et de pâte de verre, les murs et le plafond sont très décorés: en haut on voyait autrefois des figures ailées en stuc doré. Au fond du portique, un petit temple-Laraire de stuc blanc sur fond bleu. Contre le petit temple, un réservoir filtre à eau (« castellum aquae ») que masque la grande fresque des amours de Mars et de Vénus. Dans le jardin, nous remarquons les bancs du triclinium à l'air libre protégés par une pergola soutenue par quatre colonnes (à l'intérieur du podium est peinte une série de petits tableaux), le tout égayé par une fontaine jaillissante. Au bout on descend dans un autre appartement faisant partie de la maison; les parois du péristyle sont décorées de paysages de jardins peints; dans le tablinum sont représentées les noces de Vénus et de Mars et les Nymphes se disputant Hyllos.

Maison de Trebius Valens: l'entrée.

87 La **Maison du Bel « Impluvium »** (Reg. I, J. IX, n° 1) se trouve deux « insulae » plus loin, du côté sud de la rue. Celle-ci aussi était en cours de reconstruction après le tremblement de terre. Remarquer: dans l'atrium, l'impluvium avec la vasque en mosaïque et marbres polychromes; dans le tablinum, des traces d'une grande peinture du IIe style sur fond noir; dans le cubiculum, un ravissant petit tableau de scènes du gynécée.

88 La **Maison de Successus** (J. IX, n° 3) a un gracieux petit amour effrayé par un canard battant des ailes peint dans la pièce à gauche de l'atrium (en-dessous est écrit « Successus »). Sous le petit portique, remarquer la jolie statuette d'un autre petit amour avec une colombe.

89 La **MAISON DU VERGER** (J. IX, n° 5), la dernière de l'ilôt, est la simple mais charmante demeure d'un producteur de fruits. Dans deux des chambres – l'une dans l'atrium et à fond bleu, l'autre dans le tablinum et à fond noir – il y a les plus belles peintures d'arbres fruitiers; en effet, avec des oiseaux, des serpents et d'autres animaux, nous distinguons des poires, des figues, des prunes, des cerises et même des citrons (très rares en Campanie à l'époque).

90 La **Maison de C. Julius Polybius** (Reg. IX, J. XVIII, n° 1-3) est de l'autre côté de la Via dell'Abbondanza. Des fouilles encore en cours sont en train de ramener au jour cette maison construite depuis le IIe siècle av. J.-C. Noter la singularité de l'atrium précédé d'une salle pauvrement éclairée par les étroites ouvertures de l'étage supérieur et avec d'importantes décorations du Ier style. L'atrium donne sur deux « cubicula » décorées dans le IIe et le IIIe style. A l'étage supérieur: sur le palier, peinture d'une porte feinte; dans un « cubiculum » un tableau: Pasiphaé et la vache de bois, Vénus et Mars. Un voyageur-poète avait écrit sur le mur extérieur (n° 4) quatre pentamètres qui commençaient ainsi: « nihil durare potest tempore perpetuo... » (rien ne peut durer éternellement).

91 La **MAISON DE TREBIUS VALENS** (Reg. IX, J. XIX, n° 1) est plus loin du côté nord de la Via dell'Abbondanza. La façade, malheureusement à moitié détruite dans les bombardements de 1943,

était un album exceptionnel d'inscriptions murales avec les programmes électoraux du propriétaire et les annonces publicitaires pour les spectacles de l'Amphithéâtre. L'intérieur a été amené au jour après les restaurations, en 1952. C'est une impression très particulière que l'on reçoit devant l'ensemble vu de l'atrium, à cause de la décoration inhabituelle en échiquier polychrome sur la paroi de fond du jardin. Très plaisantes aussi sont les peintures du IIIe style disséminées partout, et ces architectures du IIe style dans l'une des chambres. Dans le jardin, adossé au rideau de fond en échiquier, nous avons le triclinium d'été protégé par la pergola à colonnes et où l'on sert de la cuisine au moyen d'un passe-plats.
Le **Pistrinum de Sotericus** (Reg. I, J. XII, n° 1, 2) en face de la maison de Trebius Valens, est la boulangerie de la Via dell'Abbondanza, parmi les plus grandes de la ville. Le pétrin est intéressant, actionné par un mécanisme ingénieux; noter de quelle façon le pain passe de ce local directement dans le four.
Plus loin, Via dell'Abbondanza, se trouve la **Schola Armaturarum** (Reg. IX, J. XX, n° 6). Sur la rue s'ouvre le grand portail, presque aussi large que la salle intérieure, barré par une poutre de bois fidèlement reconstituée d'après les restes de la poutre originale. Sur l'un des murs on découvre les encastrements des armoires qui contenaient les armes. Toutes les décorations ont des emblèmes militaires; sur les cloisons entre les armoires on découvre en effet les caractéristiques candélabres se terminant par l'aigle et le globe lumineux. On peut en conclure que ce singulier salon était le siège d'une association militaire.

Maison de Trebius Valens: le tricliniumm d'été à la décoration en échiquier.

92 La **MAISON DE PINARIUS CERIALIS** (Reg. III, J. I, n° 6), plus loin après la Via Nocerina, est la résidence d'un lapidaire (on trouva 114 pierres dont beaucoup déjà polies). Minuscule demeure, sans atrium, entourant sur deux côtés un minuscule portique. La décoration du IVe style dans le cubiculum à gauche avec de grandioses architectures théâtrales et des figures; dans le grand tableau, au milieu, on voit Iphigénie en Tauride; dans les tableaux latéraux: deux figures de Vénus, Athys et les nymphes. Originales et intéressantes les décorations du triclinium (dans le fond à gauche du péristyle) et de l'« Oecus » qui servait pour l'exposition et la vente de la marchandise.

Maison du Moraliste: le triclinium d'hiver.

93 La **Maison du Moraliste** (J. I, n° 2-3) comprend deux maisons communicantes, appartenant à des parents T. Arrius Polites et M. Epidius Hymaeneus. Au n° 2 se trouve la maison la plus petite avec des décorations et des plafonds reconstitués, intéressants surtout dans le triclinium d'hiver (au fond à gauche). L'échelle en bois mène à l'étage supérieur, où se trouvent des traces de décorations et de petits tableaux comme ceux de la chambre au nord où nous voyons un satyre qui découvre une ménade. La maison de droite n'a pas d'atrium mais un vaste jardin. Le triclinium d'été qui donne sur ce jardin a été entièrement récupéré ainsi que la vaisselle; sur le fond noir des murs se détachent, en blanc trois règles de bienséance et de comportement qui disent en substance: 1° avoir les pieds propres et ne pas salir le linge et les lits; 2° respecter les femmes et éviter les grossièretés; 3° s'abstenir de la colère et des invectives; avec cette conclusion « aut gressus ad tua tecta refert » (sinon rentre chez toi).

94 La **MAISON DE LOREIUS TIBURTINUS** (Reg. II, J. II, n° 2) est une maison avec un jardin de vastes dimensions et avec des caractéristiques particulières pour lesquelles, dans cette revue rapide, nous reprenons les mêmes signes que ceux du plan ci-contre.
La maison (attribuée à Octavius Quartio par l'architecte V. Spinazzola son découvreur) appartient à une noble famille romaine. Déjà les deux sièges d'attente de l'entrée et la monumentale porte (1) dont on voit l'empreinte, dénotent le haut rang de la famille. Sur les côtés de l'entrée nous voyons deux pièces transformées en boutiques (B) et communiquant avec la maison par la cage de l'escalier. Le grand atrium (environ 9 m x 15) dont les décorations n'ont jamais été terminées, a un impluvium de marbre autrefois orné de trois fontaines et, tout autour, de jardinières encaissées dans le pavement (2). Nous trouvons des traces d'intéressantes peintures dans les pièces (3) et (4); noter les fausses fenêtres s'ouvrant sur des jardins imaginaires et les médaillons avec des têtes d'hommes et de femmes. Dans la pièce de gauche (5) il y a un petit four pour la cuisson des vases. Vient ensuite la dépense avec la cuisine et une petite latrine (7).
Sur le péristyle avec un jardinet suspendu (8), après deux « cubicula » avec des murs à fond blanc et jaune d'or, se présente le sanctuaire domestique dédié à la déesse Diane-Isis que décorent les peintures les plus raffinées du IVe style. Sur la façade du sanctuaire: Diane, à gauche; Actéon déchiré par les chiens, à droite. A l'intérieur plafond à caissons, c'est-à-dire à panneaux encaissés, reconstitué avec les fragments originaux; sur la paroi du milieu on voit une niche pour la divinité; dans le panneau de gauche est peint le portrait présumé du propriétaire de la maison, en prêtre d'Isis, avec l'inscription « amplus alumnus tiburs »; dans le panneau de droite est représenté l'été. Dans l'« Oecus triclinaris » (11) on voit encore des scènes de l'Iliade et, en haut on entrevoit d'autres scènes tirées du mythe d'Hercule.
Devant la maison s'étend la Pergola Supérieure (12) remplie de statues et de fontaines, parcourue au centre par un canal plein de poissons frétillants (« euripus »). Au fond de la Pergola, nous voyons l'installation pour le repas dehors avec seulement deux lits sur les côtés d'une fontaine à édicule (13); sur les murs de la fontaine sont peints: Pyrame et Thisbé à droite; Narcisse à gauche; l'auteur des peintures, romain, signe: « Lucius pinxit ».
Au milieu de la pergola supérieure il y a un petit temple tétrastyle construit au-dessus du nymphée en soussol et dédié à Diane et Actéon (14). Le vaste jardin, à un niveau légèrement plus bas que la maison était autrefois ravissant. On voit encore au milieu le long canal autrefois plein de jets d'eau et rempli de pois-

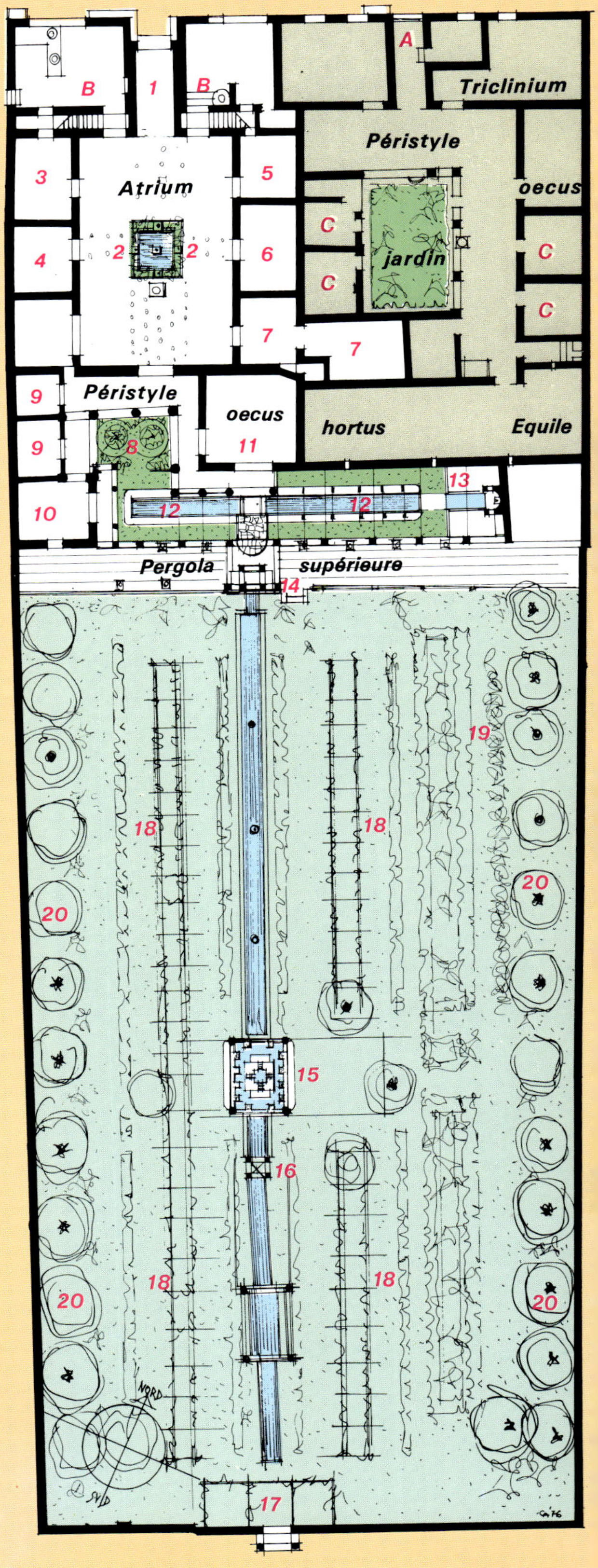

La façade, Via dell'Abbondanza, de la Maison de Loreius Tiburtinus telle qu'elle était avant la destruction de 79 ap. J.-C. Noter le renfoncement de l'entrée avec les sièges extérieurs sur les côtés et l'étage supérieur avec deux loggias profondes (presque un lointain souvenir des Propylées d'Athènes). Sur la gauche, on découvre le portail de la Maison de l'Augustale .

Maison de Loreius Tiburtinus. Ci-dessus: la pergola supérieure avec le canal transversal; ci-contre; la fontaine avec, sus les côtés, deux peintures très bien conservées.

sons de toutes sortes, entouré de statues et de bas-reliefs. A moitié du canal il y a une fontaine monumentale (15); viennent ensuite le petit temple de l' « euripus » (16), un bassin et enfin: la sortie du jardin avec le petit « prothyron » (17). Sur les côtés d'innombrables empreintes en plâtre de fondations de longues pergolas (18); arbres de haute futaie qui bordaient et protégeaient le jardin (19). A gauche se trouvent encore les pots placés en terre (20) avec lesquels on renouvelait les fleurs selon la saison. L'ensemble rendait la demeure semblable à une véritable et superbe villa en ville.
Sur le graphique reproduit est indiquée en gris, à droite de la maison de Loreius, la **Maison de l'Augustale** (J. II, n° 4).

Maison de Vénus. Ci-dessus: le jardin et le péristyle; ci-contre: Vénus sur sa conque, escortée de petits amours, peinte sur la paroi du fond du péristyle.

95 La **MAISON DE VENUS** (J. III, n° 3) est la demeure de gens aisés qui étaient encore en train de la restaurer, avant la tragique éruption. Endommagée par le bombardement de 1943, elle a été restaurée et ramenée entièrement au jour en 1952. Dans la pièce à droite de l'atrium, voir les belles peintures sur fond noir et un portrait de jeune homme avec une cithare. Il y a un beau portique, sur deux côtés du jardin, avec des colonnes jaune d'or et blanches. Sur la partie du fond se détachent trois grands tableaux aux couleurs superbes: trois vues sur le bleu de la mer depuis la haie du jardin. Au centre nous voyons Vénus sur sa grande conque, escortée de petits amours; à gauche Mars et à droite des fleurs, des oiseaux et des colombes qui boivent à la fontaine.

Maison de Julia Felix: le jardin et le canal.

96 La **MAISON DE JULIA FELIX** (J. IV, n° 3) déjà découverte et dépouillée en 1755, fut redécouverte entièrement et avec méthode en 1952-1953. L'espace couvert occupe un peu plus d'un tiers de l' « insula » entière (qui est parmi les plus vastes), le reste est entièrement planté en jardin.
La propriétaire avait fait afficher à l'entrée un avis de location de deux parties de la maison: la magnifique installation de bain et les boutiques avec habitations (« venereum et tabernae »). La partie du bain privé, en effet, était mise à la disposition de la clientèle choisie justement parce que « venereum », c'est-à-dire digne d'un dieu. Elle était dotée de toutes les commodités: portique d'attente avec sièges, vestiaire et passe-plats de l'hôtellerie voisine; vestiaire avec une vasque pour le bain froid; « tepidarium » avec, à côté, le « laconicum » (pièce ronde couverte en voûte), ancêtre de la moderne sauna; « calidarium » et, enfin, une zone avec les bains à l'air libre. L'autre partie comprenait des pièces autour de la maison: « hospitium » avec triclinium et chambre; boutiques avec entresol (« pergulae ») et de petits logements à l'étage supérieur (« cenaculae »). La véritable résidence garde son caractère de grande dignité malgré le pillage du XVIIIe siècle. Le jardin apparaît encore grandiose et évocateur, avec son grand vivier (« euripus ») longitudinal, ainsi que le triclinium à l'air libre qui se trouve au milieu du portique est et, enfin, le très beau et très singulier portique avec, à l'ouest, de petits piliers de marbre corinthiens qui se détachent sur les parois pleines de décorations.
Il y avait partout des fontaines et des statues; l'édicule au sud était probablement consacré à Isis. Le dernier ilôt, Via dell'Abbondanza, à droite, était peut-être destiné au Forum Boarium ou à une ménagerie pour les fauves des jeux de l'Amphithéâtre. Des fouilles récentes ont révélé les traces d'une vigne.

Maison du Triclinium d'Eté: le grandiose triclinium et, ci-contre, un nymphée en mosaïque polychrome.

97 La Zone au sud de la Via dell'Abbondanza, presque toute la Première Région qui va de la porte Nuceria à la Porte di Stabia, est encore en cours de fouilles. Si l'on parvient à voir les chantiers en activité, on peut ressentir l'émotion inoubliable de la découverte et de la restauration des antiques vestiges. Il y a aussi des fouilles menées par des savants japonais et américains (Insula XVII).
Dans cette zone, nous pouvons visiter entre autre: la **Maison du Triclinium d'Eté** (Reg. II, J. IX, n° 7), triclinium grandiose qui se trouve dans le jardin et que rend intéressant un podium peint et le voisinage de deux nymphées en mosaïque polychrome; la **Maison du Laraire du Sarno** (J. XIV, n° 7) située dans l'« insula » suivante, avec un temple-laraire où est peint un bateau dans le port de Pompéi (le fleuve Sarno), chargé de produits agricoles. Intéressante aussi l'**Officina di Garum** (J. XII, n° 8) véritable industrie gastronomique qui produisait le « garum », c'est-à-dire une sauce très demandée à l'époque composée d'intérieurs de poissons fermentés dans l'eau de mer; on y remarque encore de grands récipients et les amphores pré-

Une vue terrifiante du Jardin des Fugitifs avec les empreintes de victimes de l'éruption du Vésuve de 79 ap. J.-C., amenées au jour par les fouilles menées par l'équipe de Giuseppe Ascione.

parées pour l'expédition du produit. En face se trouve la **Maison du Bateau Europa** (Reg. I, J. XV, n° 3) appelée ainsi à cause du dessin sur le mur nord du péristyle représentant un bateau, avec sa barque de sauvetage, avec l'inscription: Europa. Dans le vaste jardin, de récentes fouilles américaines ont découvert des racines de potager telles que: légumineuses, oignons, choux (très appréciés à l'époque), cerises, pêches, citrons (utilisés pour les remèdes et comme désodorisant). A côté vient le **Thermopolium du Phénix** (Reg. I, J. XI, n° 10), une buvette, avec une grande pergola intérieure, appartenant à un oriental du nom d'Euxinus. L'enseigne était un Phénix avec deux paons et une inscription engageante: « Phoenix: felix et tu », maintenant à Naples. Dans la ruelle presque en face, la **Maison des Arcs** (Reg. I, J. XVII, n° 4) où nous trouvons l'un des rares portiques en arcades de Pompéi.

Une partie de la Nécropole de la Porte Nuceria avec les différents types de sépulcres amenés au jour récemment.

Durant nos visites, nous avons souvent vu des empreintes de cadavres mais une des scènes les plus impressionnantes de la terrifiante tragédie que vécut la population de Pompéi en 79 ap. J.-C. nous pouvons la revivre dans le **Jardin des Fugitifs** (J. XX, n° 5) où nous voyons encore les empreintes de treize parents, adultes et enfants, foudroyés par l'asphyxie et la terreur.

98 La **NECROPOLE DE LA PORTE NUCERIA** est juste après la sortie des murs, au bout de la Via Nuceria. Les fouilles récentes ont déjà amené au jour d'intéressants monuments qui créent un ensemble monumental exceptionnel au pied des murs et de la roche lavique. Sur la branche côté sud, nous trouvons le **Sépulcre de L. Céius Serapius,** banquier, que lui avait consacré sa femme Helvia.

Sur le tronçon est il faut remarquer: un sépulcre en gradins surmontés d'un autel sacré; le **Tombeau de L. Cellius** « tribunus », décoré de beaux panneaux de stucs. Viennent ensuite d'autres tombeaux à chambres et enfin, du côté opposé de la rue, le **Mausolée de Veia Barchilla** construit pour elle-même et pour « viro suo » c'est-à-dire pour son mari: Agrestinus Equitius Pulcher. Sur le tronçon côté ouest, nous trouvons un grand socle avec des inscriptions électorales et des annonces de spectacles à l'Amphithéâtre (les deux thèmes de majeur intérêt des Pompéiens) et deux sépulcres d'affranchis avec des inscriptions et des portraits. Sur le même tronçon, en face des murs de Pompéi, noter le **Sépulcre d'Eumachia.** Il consiste en un

Nécropole de la Porte Nuceria. Ci-dessus: le Mausolée de la prêtresse Eumachia tel qui'il est de nos jours, sur les côtés les petits temples des époux et des dignitaires; ci-contre: la Porte Nuceria.

grand monument semi-cirulaire avec écrit: « Eumachia L(uci) f(ilia) sibi et suis »; derrière se trouve la chambre sépulcrale. Sur les côtés de l'hémicycle: à gauche un petit temple avec les statues en tuf des époux assis; à drcite, un petit temple avec, dans l'atrium à quatre colonnes, trois statues en tuf représentant deux hommes en toge et un jeune homme en armure, appartenant à **M. Octavius et à sa femme Vertia Philumina.**
Suivent: le **Sépulcre de la « gens Tillia »,** famille d'importants personnages politiques; le **tombeau** à arc de l'**affranchi P. Vesonius Phileros** prêtre d'Auguste où au bout de la dédicace est ajoutée une malédiction contre un ami traître.

Le mausolée à exèdre de la prêtresse Eumachia, tel qu'il était il y a dix-neuf siècles. La partie supérieure de l'hémicycle a les mêmes motifs architectoniques que la grande construction que la prêtresse fit élever dans le Forum. Aux extrémités on voit deux mausolées à petit temple avec des statues en tuf dans le pronaos; à gauche se trouve celui des époux assis, à droite celui des trois dignitaires debout.

En retournant à la Porte Nuceria (ou Nocera), dans la zone de droite nous trouvons le troisième centre citadin destiné entièrement au sport et aux spectacles d'amphithéâtre. Cet ensemble grandiose, dû à deux seuls monuments, l'Amphithéâtre et la Grande Palestre, envahissait une telle surface que les deux autres Forums et tous leurs édifices auraient pu y contenir.

99 L'**AMPHITHÉATRE** fut construit l'année où Pompéi devint colonie romaine, c'est-à-dire en 80 av. J.-C. Ce sont les mêmes magistrats qui avaient construit le Petit Théâtre qui en furent les artisans. Cet édifice est exceptionnel en ce qu'il est le plus ancien amphithéâtre que l'on connaisse. Il mesure environ 135 m x 104; il pouvait contenir 20.000 spectateurs. A la différence de tous les amphithéâtres qui viendront ensuite, les rampes d'accès sont toutes extérieures, il n'y a pas de souterrains sous l'arène et une grande partie de la cavea est creusée au-dessous du niveau de la place. L' « ima cavea » avait 5 gradins réservés aux dignitaires; la « media cavea » avait 12

Vue du haut de la Grande Palestre et l'Amphithéâtre, tels qu'ils étaient il y a mille neuf cents ans.
Page suivante: l'Amphithéâtre.

L'extérieur et l'intérieur de l'Amphithéâtre.

gradins et la « summa cavea » en avait 18. La galerie supérieure, bien séparée des autres zones et accessible au moyen d'escaliers et de passages particuliers, était réservée aux femmes (admises aux spectacles grâce à une disposition de l'empereur Auguste). Le long du couronnement supérieur on voit les anneaux de pierre où étaient enfoncés les piquets soutenant la grande toile de couverture.
Cet immense « velarium », comme cent ans plus tard dans l'immense Colisée (188 m x 156) à Rome, servait à protéger tout l'Amphithéâtre du soleil et de la pluie. L'Edifice était exclusivement consacré au sport et aux spectacles avec combats de gladiateurs, chasses et combats de bêtes féroces. Introduites par les Romains, ces manifestations acquirent un intérêt considérable, au point que l'on dut bientôt agrandir l'Amphithéâtre. On y affluait de toutes les villes voisines, et il y avait un violent fanatisme de partis. Comme le rapporte Tacite dans ses « Annales », au cours d'un spectacle de gladiateurs, en 59 ap. J.-C., il se déclencha entre Pompéiens et habitants de la voisine Nuceria (aujourd'hui Nocera) une rixe d'une telle violence et il y eut un tel nombre de morts et de blessés que, sur l'exposé de Néron, le Sénat romain interdit la continuation des spectacles pendant dix ans!

Deux vues de la Grande Palestre.

100 La **GRANDE PALESTRE** remplaça, à l'époque impériale, la palestre samnite voisine des théâtres, désormais insuffisante. C'était l'édifice outillé pour les exercices gymniques et les manifestations annuelles du « Collegium Iuvenum »; une énorme place (130 mx140) fermée tout autour par un haut mur couronné de créneaux et avec des ouvertures à l'ouest et à l'est; à l'intérieur, sur trois côtés, un long portique à colonnes ioniques. Au sud-est se trouvent de spacieuses latrines. Au centre, une grande piscine à fond incliné d'ouest en est et, sur un côté, les degrés desquels on plongeait dans l'eau; tout autour il y avait une double file de platanes. On a trouvé sur une colonne du portique ouest une écriture secrète, c'est-à-dire un cryptogramme, attestant la présence de Chrétiens à Pompéi.
Nous pouvons sortir par la nouvelle entrée de l'Amphithéâtre et terminer ainsi la visite avec la dernière impression du grand stade où, il y a deux mille ans, toute la population de Pompéi participait aux « jeux » de l'époque avec plus ou moins d'enthousiasme et d'excitation comme dans nos stades aujourd'hui. Ainsi se termine une longue rencontre entre nous et eux, présents il y a deux mille ans, différents peut-être seulement en apparence.

NOUVELLE POMPEI

En sortant de la zone des fouilles par l'entrée de l'Amphithéâtre, en tournant à gauche, commence l'agglomération de la Pompéi nouvelle, petite ville qui occupe un territoire qui resta peuplé même après la fameuse éruption de 79 ap. J.-C., appelé Campo Pompeiano *et qui a eu de nombreuses vicissitudes au cours des siècles passés. Il s'y élève une église dédiée au Sauveur et un château qui appartint aux Caracciolo, le tout constituant un fief patricien qui passa de main en main selon les événements du Royaume de Naples. En 1873, l'avocat Bartolo Longo (1841-1926), homme pieux et charitable, se fit le promoteur parmi les habitants, de la dévotion au très Saint Rosaire et fonda le* Sanctuaire de la Vierge du Rosaire *autour duquel il édifia, avec l'aide des fidèles, des hospices et des orphelinats. En peu de temps le Sanctuaire devint un centre de vie religieuse fervente, fameux pour son culte de la Vierge. De tous les coins de l'Italie convergent ici de nombreux pèlerinages qui, pour la plupart, se déroulent durant la saison d'été ou d'automne. L'imposant édifice du Sanctuaire est l'oeuvre d'Antonio Cua qui en commença la construction en 1870. Consacré le 7 mai 1891, le Sanctuaire fu agrandi entre 1933-39 d'après un projet de Spirito Chiappetta. La façade, à deux ordres, est l'oeuvre de Giovanni Rispoli; en haut, la statue en marbre de la* Madone du Rosaire, *exécutée par Gaetano Chiaramonte. L'intérieur, à trois nefs, est riche en marbres précieux tandis que des fresques et des mosaïques décorent la coupole et les parois. Par la nef gauche on accède au* Tresor *où l'on peut admirer un grand nombre d'objets religieux et votifs ainsi qu'une peinture sur bois de* St Paul, *attribuée à Fra Bartolomeo. Une visite merite aussi le campanile pour le panorama que l'on jouit depuis le sommet de sa terrasse.*

Via Roma; au-dessous: monument à Bartolo Longo et détail de celui-ci. Page suivante: extérieur et intérieur de l'imposant sanctuaire de la Vierge du Rosaire.
Page 126: vue aérienne des fouilles.

VIRGINI
ROSARI
DICATVM

INDEX DES MONUMENTS

Indications pour l'usage pratique de l'index: les noms en caractère **gras** indiquent les monuments les plus intéressants; les chiffrés et les lettres en *italique* servent à repérer, dans le quadrillage du plan en hors-texte, l'emplacement du monument qui est indiqué par le numéro du passage qui le traite dans le volume.